KB193613

위르겐 클롭
KLOPP

위르겐 클롭

KLOPP

|리버풀 FC|
|공식 기념판|

문학사상

차례

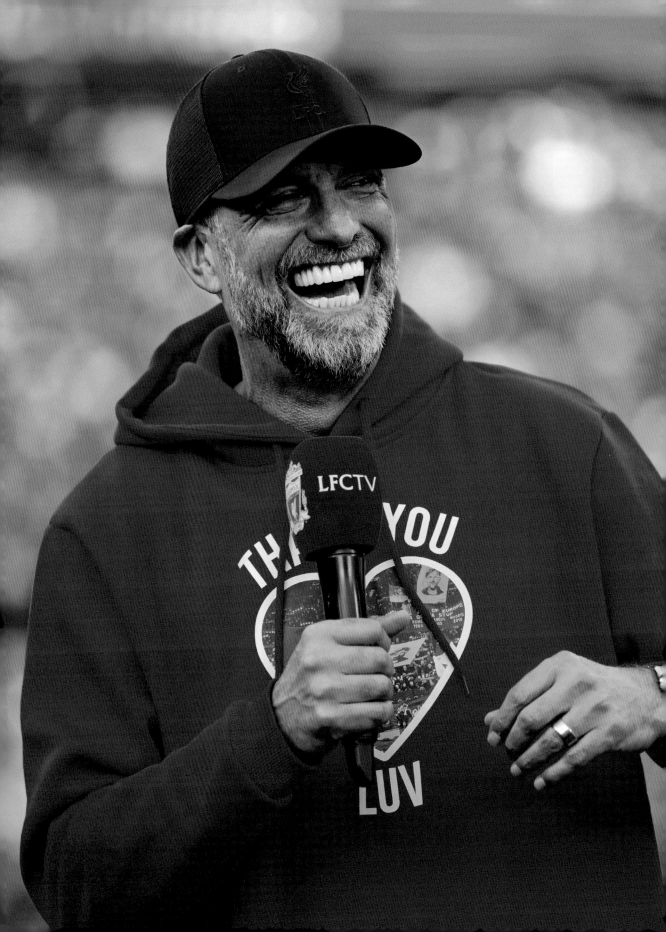

위르겐 클롭으로부터

리버풀에서 보낸 시간은 이보다 더 특별할 수 없었습니다. 우리가 더 큰 성공을 거둘 수 있었다고 할 사람도 있을 것입니다. 아마도 그들이 옳을 것입니다. 중요한 순간에, 많은 작은 차이들이 우리에게 불리하게 작용했기 때문입니다. 하지만 우리가 이뤄낸 일, 우리의 방식, 그것이 의미하는 바를 생각하면 이보다 더 큰 의미는 있을 수 없을 거라고 확신합니다. 이건 자랑이 아니라, 내 인생에서 변치 않을 시기를 증명하는 증거라고 말하고 싶습니다. 우리가 부르는 그 노래처럼, 참 좋은 시절이었습니다, 여러분.

리버풀이 믿을 수 없을 만큼 열정적인 서포터들을 가진 놀라운 클럽인 것은 새삼스러운 일이 아닙니다. 리버풀의 감독이 되기 훨씬 전에도 이 사실을 알고 있었습니다. 직접 경험한 것과 뒤늦은 깨달음을 통해서 인정할 수 있었던 건 리버풀이 대단한 클럽이라는 것, 그리고 우리 클럽의 서포터들이 믿을 수 없을 만큼 멋진 팬들이라는 사실입니다. 9년 동안 이들과 함께한 것은 내게 특별한 경험이자 놀라운 특권이었습니다. 일생일대의 여정이었고, 그 여정을 함께한 사람들 덕분에 더 좋은 추억을 만들 수 있었습니다.

물론 그 중심에는 선수들과 스태프가 있었습니다. 그들이 성취한 것과 앞으로 성취할 것들은 그들이 가진 능력과 매일의 노력, 그리고 그 과정에서 받은 지원이 얼마나 대단한 것이었는지를 드러내는 지표라고도 할 수 있습니다. 많은 사람이 함께 노력해야 하지만 궁극적으로 가장 중요한 단계는 항상 선수들의 발끝에 달려 있습니다. 나는 운 좋게도 이들과 함께 일할 수 있었습니다.

선수들은 커리어를 발전시켰을 뿐만 아니라 리버풀을 더 나은 클럽, 더 강력한 클럽으로 만들었고, 다시 들어도 매력적인 우리의 서사에서 자신이 맡은 역할을 다했습니다. 나와 함께한 스태프도 마찬가지입니다. 여러분이 알고 있는 스태프만 있는 것이 아닙니다. 우리와 함께한 스태프뿐만 아니라, 무대 뒤에서 일하는 사람들도 마찬가지였습니다. 이들은 이러한 특별한 시기를 보낼 수 있도록 여건을 조성한 너무도 중요한 분들입니다.

이들 모두의 공헌을 설명할 수 있는 단어는 단 하나, '굉장했다'뿐입니다. 우리가 무엇을 하든, 우리는 모든 것을 함께했습니다. 한 사람만의 업적이 아닌, 항상 리버풀 FC를 위해 함

께 행동한 우리 모두의 업적이었습니다. 그 모두를 존경하고 그 모두에게 감사합니다. 그리고 선수들과 동료들이 이 프로젝트에 주도적인 목소리를 내준 것에 매우 기쁩니다. 이 책은 그들의 이야기이자 우리의 이야기이며 여러분의 이야기이기도 합니다.

다양한 관점은 이 책을 읽는 독자들뿐만 아니라 내게도 큰 관심사였습니다. 9년 동안 감독으로 몸담으면서 나의 관점을 모두와 공유했지만, 항상 다른 관점이 존재하고 우리의 의견이 늘 일치하는 건 아니라는 점을 잘 알고 있었습니다. 각자의 견해와 의견을 가지고, 그 것을 어떤 순서와 맥락에서든 자유롭게 표현할 수 있다는 것이 바로 축구의 매력입니다. 선수들과 동료들은 너무 바빠서 당시에는 깨닫지 못했을 수도 있지만, 역사의 일부일 뿐만 아니라 역사의 직접적인 목격자이기도 한 그들의 기억을 책으로 담아 공유하는 것은 아주 큰 의미가 있습니다.

이를 통해 이미 알려진 것에 또 다른 차원을 더할 수 있기를 바랍니다. 항상 축구의 과거와 현재에 관한 이야기를 읽고 즐기고 시간의 순간을 포착한 사진들에 매료되어온 사람으로서, 이 결과물을 보게 되어 매우 기쁘고 여러분도 그러길 바랍니다. 다시 한번 강조하지만, 이 이야기는 나만의 것이 아니라 어떤 식으로든 축구에 참여하는 행운을 누린 우리 모두의 것이라는 점을 말씀드리고 싶습니다. 관중석의 서포터부터 경기장의 선수, 매표소의 직원부터 회의실의 구단주, 훈련장의 청소부부터 경기장 관리 직원까지, 우리 모두가 이 이야기의 주인공입니다.

이것은 내가 리버풀을 이해하는 방식이자 인생을 이해하는 방식이기도 합니다. 세상이 요구하기에 때로는 누군가가 선두에 서야 하지만 기껏해야 동등한 사람들 사이에서의 선두일 뿐입니다. 리버풀과 같은 규모의 클럽을 올바른 방향으로 이끌기 위해서는 많은 몸과 마음이 필요합니다. 우리가 이룬 모든 성과는 같은 방향으로 나아가고자 하는 수많은 훌륭한 사람들이 있었기에 가능했다는 것을 항상 알고 있었습니다. 우리는 항상 목적지에 도착할 수는 없었지만, 그 과정에서 성공과 놀라운 순간을 즐기며 잊을 수 없는 여정을 함께할 수 있었습니다.

어떤 여행은 영원히 기억에 남습니다. 이 여행도 그중 하나입니다.

여러분은 결코 혼자 걷지 않을 것입니다(You'll Never Walk Alone).

위르겐 클롭

리버풀 FC 서문

2015년 10월부터 2024년 5월까지는, 리버풀 서포터들에게 놀라운 시간이었다. 클럽 역사상 가장 위대한 시기였다. 위르겐 클롭의 시대는 감정의 롤러코스터를 탄 시기였다. 8년 반 동안 믿을 수 없는 최고점과 극심한 저점을 오르내렸다. 기쁨과 슬픔의 눈물, 축하와 위로가 넘쳐났다. 하지만 좋은 시절이 나쁜 시절보다 훨씬 더 많았다.

헤비메탈 축구와 멘탈리티 몬스터에서 트로피 사냥꾼이자 역사 창조자에 이르기까지, 클롭은 의심하는 사람들을 믿는 사람으로 만드는 데 완전히 성공했을 뿐만 아니라 평생 지속될 추억을 만들고 모든 사람의 거친 꿈을 현실로 만들었다. 그는 안필드에서 축구를 보는 방식을 완전히 혁신했다.

이 책은 대륙을 가로지르는 수많은 여행, 웸블리에서의 나날, 포기하지 않았던 순간 등 그의 재임 기간 중 가장 중요하고 기억에 남는 순간들을 추적한다. 이야기가 너무 많아서 어디서부터 시작해야 할지 가늠하기 어려울 정도였다. 그래서 우리는 그를 가장 잘 아는 사람들에게 도움을 요청하여 통찰력을 보태고자 했다. 클럽 내에서 그와 함께 일한 주요 인물들부터 그의 밑에서 활약한 리버풀의 영웅들, 그리고 가장 유명한 경쟁자들까지, 위르겐 클롭의 특별한 자질에 대한 각자의 개인적인 견해를 제공했다.

마이크 고든은 클롭이 리버풀에 완벽하게 어울리는 이유를 설명한다. 제임스 밀너는 클롭이 클럽의 운명을 어떻게 바꾸기 시작했는지 이야기한다. 모하메드 살라와 버질 판데이크는 클롭이 자신을 설득해 계약하게 된 과정을 말한다. 조던 헨더슨은 클롭의 팀 토크가 2019년 바르셀로나를 상대로 한 전설적인 승리에 어떻게 영감을 주었는지 밝힌다. 마우리시오 포체티노 감독은 클롭의 팀을 상대할 때의 기분을 털어놓는다. 호베르투 피르미누는 클롭이 처음으로 세계 챔피언이 되기까지 선수들을 어떻게 지원했는지 말한다. 알렉스 퍼거슨은 30년간의 기다림을 끝내고 잉글랜드 챔피언이 된 후 클럽으로부터 받은 전화를 회상한다. 그리고 클럽의 수석코치였던 펩 레인더르스는 그와 매일 긴밀하게 일하는 게 자신에게 어떤 경험이었는지 말한다. 이는 놀라운 리버풀 여정의 한가운데로 여러분을 안내하는 이 책에서 만나볼 수 있는 회상 중 몇 가지 예에 불과하다.

위르겐 클롭은 안필드에서 9년간 화려한 은색 트로피들을 수집했다.

2016년 9월, 안필드의 새 관람석을 배경으로 이언 에어, 린다 피주티, 존 W. 헨리, 톰 워너, 마이크 고든과 함께 한 위르겐 클롭.

클럽이 원했던 것은 리버풀 클럽과 팬들을 위한 최고의 자리였을 뿐이다. 그는 팬들과 호흡을 맞춘 감독이었으며, 팬들은 빌 샹클리 시절 이후 안필드에서 다시없을 정도로 그를 사랑했다. 고인이 된 위대한 스코틀랜드인[빌 샹클리]과의 비교는 팬들의 진심이었다. 최근 리버풀 세대에게 클럽은 과거에도 그랬고, 지금도 그렇고, 앞으로도 그럴 것이다.

클럽은 안필드에서 수많은 전설적인 감독들의 발자취를 따라 걸었고, 자신도 전설이 되어 떠났다. 리버풀에 8개의 우승 트로피를 안긴 유일한 감독인 진정한 '콥의 왕(King of the Kop)'이었다.

자칭 '평범한 사람'인 그는 성공에도 불구하고 자신의 뿌리에 충실하며 리버풀에서의 삶을 온전히 받아들였다. 리버풀 시민으로 '입양'된 그는 리버풀 사람들의 마음을 이해하고 지역 문제에 공감했으며, 도움을 줄 수 있는 곳이면 어디든 달려갔다. 그는 리버풀을 사랑했

고 리버풀도 그를 사랑했다. 우리가 느낀 유대감은 특별했다.

그의 놀라운 자질은 끝이 없었다. 그는 겸손하고 정직했으며 기회가 있을 때마다 빛나는 열정을 보여줬다. 주먹을 불끈 쥐고 포옹하고 활짝 웃는 모습은 진심이었다. 여러분이 본 모든 모습이 그의 진심이었다.

안경, 수염, 야구 모자는 우리 인생의 놀라운 시간을 상징하는 표지로 영원히 남을 것이다. 물론 트로피는 말할 것도 없다.

위르겐 클롭이 몹시 그리울 테지만 그는 절대 우리 마음속에서 잊히지 않을 것이다. 이 책은 리버풀에서의 그의 이야기를 기념하는 책으로, 아무리 말해도 그 모든 것을 다 담을 수는 없다.

구단 역사상 가장 중요한 감독, 위르겐 클롭의 인기는 천정부지로 솟아올랐다.

나 는
평 범 한
사 람 이 다

2015 – 2016

"위르겐과 나는 첫 전화 통화에서부터 서로에게 호감을 느꼈습니다. 전화를 끊을 때쯤엔 그가 우리 팀의 적임자라는 걸 확신할 수 있었죠. 그후 뉴욕에서 첫 만남을 주선했고, 어느 날엔 밤늦게까지, 어느 날엔 밤을 새워가며 긴 대화를 나누었습니다. 그 결과 위르겐이 완벽한 선택지라는 게 더욱 분명해졌습니다. 9년간 8개의 트로피를 거머쥔 그와 함께, 역사적인 업적으로 유명한 우리 클럽은 새로운 고지를 향해 나아갈 수 있었습니다. 그의 영향력은 우리 팀을 이끄는 놀라운 지도력뿐만 아니라, 경기장 밖에서 보여준 진정한 동질감과 인간미로 정의할 수 있습니다. 그는 리버풀이 자랑하는 우리만의 특별하고 튼튼한 유대감을 쌓는 데 큰 역할을 했습니다. 우리는 언제나 그에게 진심으로 감사하며 그의 영원한 벗이 될 것입니다."

–마이크 고든 | 펜웨이 스포츠 그룹 사장 |

안필드에 온 것을 환영합니다

위르겐 클롭의 첫 기자회견

2015년 10월 9일 금요일, 안필드… 리버풀 축구 클럽의 찬란한 역사에 새 장이 열렸다.

지난 엿새 동안 축구계의 헤드라인을 장식한 기사는 단 하나, 바로 누가 리버풀 FC의 사령탑에 오를 것인가였다.

며칠 전 저녁 감독 브랜든 로저스의 경질 소식이 들린 후 온갖 추측이 난무한 끝에, 클럽 공식 웹사이트에 48세의 독일인 위르겐 노르베르트 클롭이 새 감독으로 취임했다는 사실이 확인되었다.

인터넷으로 3만 5천 명이 지켜보는 와중에, 독일 도르트문트에서 전용기를 타고 리버풀의 존 레넌 공항에 도착한 위르겐 클롭은 톰 워너 펜웨이 스포츠 그룹 회장과 최고경영자 이언 에어가 지켜보는 가운데 리버풀의 호프 스트리트 호텔에서 계약서에 공식 서명했다.

분데스리가의 FSV 마인츠 05를 시작으로 보루시아 도르트문트의 감독을 역임한 그는 오랫동안 리버풀 FC의 지휘봉을 잡을 유력한 후보로 거론되어왔다. 따라서 새 사령탑 발표

공개 기자회견에서 기자들과 대화하는 클롭.

가 팬들에게 그리 놀랄 만한 일은 아니었지만, 반대로 그로 인해 발생한 팬들의 흥분과 관심은 전례가 없는 일이기도 했다.

잉글랜드 중서부, 머지사이드주의 '붉은 반쪽'[머지사이드주 리버풀이 연고지인 팀은 리버풀 FC와 에버턴 FC로, 이들의 경기를 머지사이드 더비라 한다]과 널리 퍼진 수백만 명의 리버풀 FC 팬들에게는 크리스마스가 두 달이나 일찍 찾아온 기분이었다. 이미 클롭을 알고 있던 팬들에게 클롭은 전임 감독이 떠난 이후 가장 적합한 감독으로 보였고, 쉽사리 그들의 마음을 사로잡았다. 클롭은 리버풀이라는 잠자는 거인을 깨울 적임자를 찾기 위한 체크리스트의 거의 모든 항목에 해당하는 명감독이었다.

불과 18개월 전만 해도 프리미어리그 우승이라는 놀라운 성과를 거둘 뻔했지만 2위로 시즌을 마감했던 유서 깊은 경기장에 다시 한번 먹구름이 몰려오고 있었다. 한때 잉글랜드와 유럽 축구의 절대 강자였던 팀은 오래도록 침묵 중이었고, 팀을 구할 메시아가 될 만한 인물들이 계속해서 등장했다가 사라지고 있었다. 리버풀의 드높은 위상에 따라 사람들의 기대도 높았다. 2015-16 시즌 초반 부진한 출발로 프리미어리그 10위에 머무른 로저스 감독은 결국 경질될 수밖에 없었다.

그렇다면 과연 위르겐 클롭은 팀의 부진한 추세를 꺾고 리버풀의 자존심을 회복시키며, 모든 팬이 기대하고 바라 마지않는 위치로 팀을 끌어올릴 수 있을 감독인가?

도르트문트에서 분데스리가의 영원한 강호, 바이에른 뮌헨을 무너뜨리는 데 성공한 그의 업적은 유명했다. 당연히 안필드에 새로운 낙관적 분위기가 불어닥쳤다. 리버풀 팬들의 얼굴에는 차츰 미소가 돌아왔고, 안필드 구장 입구인 샹클리 게이트 밖으로 수많은 인파가 모여 과거의 영광을 되살리기 위한 새 사령탑의 계획을 숨죽이며 기다렸다.

리그는 휴식기였지만, 전 세계 매스미디어가 위르겐 클롭의 공식 발표를 듣기 위해 안필드로 모여들었다. 몇 년 만에 가장 기대되는 기자회견이었으며, 케니 댈글리시 경 스탠드의 '레즈 라운지'에 공간이 부족할 만큼 기자들이 빼곡히 들어찼다.

예정된 시간이 다가오자, 기대감에 들뜬 분위기는 더욱 고조되었다. 카메라맨들은 가장 좋은 앵글을 확보하기 위해 분주히 움직였고, 기자들은 미리 짜놓은 질문 목록을 막판에 수정하느라 여념이 없었다. 추측성 수다가 방 안을 가득 채우다가 주인공이 경기장에 들어서는 순간, 모두가 고요해졌다.

짙은 셔츠와 블레이저, 청바지와 첼시 부츠 차림의 클롭은 곧바로 시원한 자신감을 뿜어

냈다. 루르 계곡에서 7년간 격렬한 '헤비메탈 게겐프레싱'을 펼친 후 4개월의 공백을 깨고 돌아온 그는 아주 편안한 모습으로 자신의 모든 움직임을 포착하려는 카메라들을 향해 트레이드마크인 환한 미소를 지어 보였다.

구단 홍보 담당자 매트 매캔을 선두로, 클롭은 이언 에어와 함께 테이블 앞에 앉았고, 안필드의 장내 아나운서이자 클럽 사내 채널인 LFC TV의 진행자, 피터 맥도월이 기자회견의 시작을 알렸다.

"안녕하십니까, 위르겐. 우선 리버풀 축구 클럽에 오신 것을 환영합니다. 이 새로운 도전에 매력을 느낀 이유는 무엇입니까? 지금 기분은 어떠세요?"

굳이 그럴 필요가 없는데도 클럽은 먼저 자신의 영어 실력에 대해 사과한 다음, 계획에 없었으나 완벽한 매력 공세를 펴부었다.

"세계에서 가장 큰 클럽 중 하나에 몸을 담게 되어 영광입니다." 그는 담담하게 이야기했다. "정말 자랑스럽습니다. 영국 축구의 강렬함과 팬들이 축구를 즐기는 방식이 정말 기대되는군요. 리버풀은 특별한 클럽입니다. 나는 몽상가는 아니지만, 축구를 사랑하는 로맨티시스트입니다. 나는 이야기를 좋아하고, 안필드는 축구계 최고의 경기장 중 하나입니다."

새 감독은 첫인상부터 제대로 된 평가를 받았고, 그건 시작에 불과했다. (물론 많진 않았지만) 그의 자격에 의구심을 품었던 사람들의 마음도 사로잡았고, 전염성 높은 통통 튀는 성격은 거친 기자단에도 깊은 인상을 남겼다.

26분간 진행된 브리핑 내내 웃고 농담을 던지면서 클롭은 자신이 리버풀의 새 감독이 된 것은 '행운'이라고 거듭 강조했는데, 필요할 때는 진지한 모습을 보이기도 했다. 그는 지금까지 자신이 살아온 삶과 쌓아온 경력, 현재 직면한 과제, 그리고 자신이 따를 전설들의 발자취에 대해 솔직하고 담백하게 이야기했다.

"나는 리버풀의 역사 속 레전드들과 나를 비교하지 않습니다. 이들 중 누구도 부임할 때 레전드가 되겠다고 다짐한 사람은 없었습니다. 리버풀은 과연 훌륭한 클럽입니다. 훌륭한 결정을 수도 없이 내린 전례가 있기 때문이죠. 이제 우리는 현재를 살고 있습니다. 나는 과거에 살지 않아요. 역사는 우리가 딛고 살아갈 기반일 뿐입니다. 매일 가방에 넣고 다닐 수 없죠. 당장 다음 주부터 첫 성공을 맛보고 싶겠지만, 과거와 비교해서는 안 됩니다. 현재에 100퍼센트 집중해야 더 나은 미래를 맞이할 수 있습니다."

서포터들이 팀에 무엇을 기대할 수 있을지 묻는 질문에, 그는 '풀 스로틀[full-throttle, 자동

차 용어로, 액셀 페달을 끝까지 밟아 최고의 마력을 내는 상태] 축구'를 약속했다. 4년 안에 우승 트로피를 차지할 것이라고 강조하면서도 그러기 위해서는 인내심과 믿음이 필요하다고 거듭 강조했다.

"다시 시작할 수 있는 좋은 순간이지만, 우리만의 경기를 치르는 것도, 우리 선수들이 팬들로부터 신뢰와 자신감을 느끼는 것도 중요합니다. 우리는 이제 의심을 버리고 믿어야 합니다. 이게 정말 중요합니다. 리버풀만의 특별한 방식으로 우리는 승리할 수 있을 겁니다.

도르트문트를 떠날 때 나는 '팀에 들어올 때 하는 말은 중요하지 않다. 떠날 때 사람들이 어떤 생각을 갖는지가 더 중요하다'라고 했습니다. 지금은 이렇게 말하겠습니다. 우리에게 노력할 시간을 주십시오. 조금만 기다려주십시오. 오늘이 언젠가 정말 특별한 날이 될 수 있을 겁니다."

그러나 그가 리버풀의 감독으로 받아들여진 결정적인 계기는 따로 있었다. 안필드에서의 첫 기자회견 도중 무심코 한 말 때문이었다. 의도치 않았던 말 한마디가 이후 구단의 공식 상품에 영감을 주며, 구단의 전설로 이어지게 되었다.

당시 첼시 감독이었던 조제 모리뉴가 자신을 '특별한 사람'이라고 자화자찬했던 일화와

안필드의 홈팀 라커룸을 둘러보고 있는 클롭.

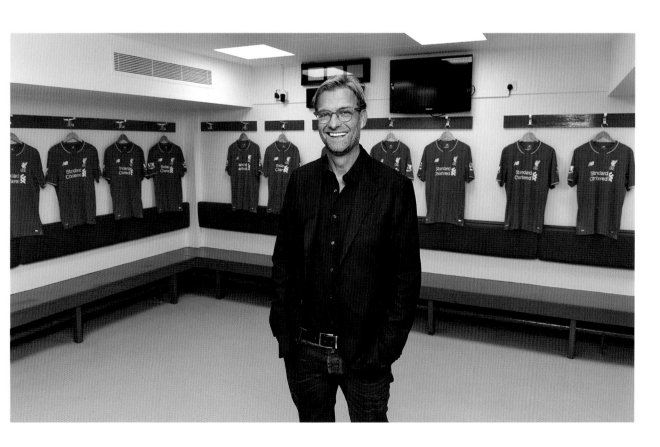

관련하여, 위르겐 클롭은 자신을 어떻게 설명할 것인지에 관한 질문이었다. 기자의 말을 열심히 듣던 클롭이 고개를 절레절레 흔들며 웃음을 터트렸다.

"나는 내가 어떤 사람인지 설명하고 싶지 않습니다. 이 방에 모인 여러분 중, 내가 여러분을 놀라게 할 수 있으리라 생각하시는 분? 없으시죠. 그러니 나는 그냥 맡은 일을 하겠습니다." 그는 이렇게 말하고 다음 말을 덧붙였다. "나는 지극히 평범한 사람입니다. 검은 숲[Black Forest. 독일 서남부의 산림지대] 출신이고, 어머니는 자택의 텔레비전 앞에 앉아 이 기자회견을 지켜보고 계십니다. 아들이 하는 말을 하나도 이해하지 못하면서도 그저 나를 자랑스러워하시겠죠. 나는 평범한 사람입니다(I am the normal one). 나를 지칭할 표현이 필요하다면 그냥 그렇게 불러주시면 됩니다."

사람들의 웃음소리가 라운지 안을 가득 채웠다. 모인 취재진에게 이 순간은 그야말로 금싸라기였다. 수많은 명언이 쏟아지는 가운데, 전 세계로 들불처럼 퍼지며 인터넷, 텔레비전, 신문의 헤드라인을 장식할 이 명언 한 문장이 단연 돋보였다.

정말 '평범한 사람'이 찾아왔고, 그의 말대로 그날은 리버풀 FC의 역사에 한 획을 그은 특별한 순간이 되었다. 56년 전 리버풀의 위대한 감독 빌 섕클리처럼, 위르겐 클롭은 신선한 바람처럼 안필드에 부임하여 리버풀 팬들의 심장을 뛰게 만들었다. 섕클리와의 비교는 여기서 끝나지 않았고, 이후 8년 반 동안 산들바람은 회오리바람이 되어 리버풀을 휩쓸었다.

새로운 동이 트다

토트넘 홋스퍼 VS 리버풀 | 프리미어리그, 2015년 10월 17일 |

화이트 하트 레인은 위르겐 클롭이 리버풀 감독으로서 첫 경기를 치른 장소였으며, 이 역사적인 날에 팀의 주장을 맡게 된 선수는 제임스 밀너였다. 맨체스터시티에서 두 차례 프리미어리그 우승을 차지한 바 있는 밀너는 최근 브랜든 로저스 감독에 의해 부주장으로 임명되었지만, 조던 헨더슨이 부상으로 부재한 상황에서 주장 완장을 차게 되었다.

클롭이 감독으로 부임한 지 9일밖에 지나지 않았지만, 그를 둘러싼 과대광고는 더욱 심해졌다. 모든 시선과 텔레비전 생중계 카메라가 클롭이 처음으로 지휘봉을 잡은 팀이 어떤 성적을 거둘지에 집중했다.

이날 밀너가 이끈 팀은 리버풀의 지난 경기와 비교해 두 가지가 바뀌었고, 클롭 감독 부임 후 첫 번째 골칫거리는 누가 공격을 주도할 것인가에 집중되었다. 대니 잉스가 주 초에 무릎 부상을 당했고, 공격수 크리스티안 벤테케와 호베르투 피르미누가 결장하고, 경기 당일 오전에는 대니얼 스터리지가 부상을 당한 상황에서 디보크 오리기의 풀 타임 데뷔가 확정되었다.

그래도 클롭은 빨리 경기를 시작하고 싶어서 안달이 났다. 킥오프 직전의 인터뷰에서 그는 흥분과 압박감뿐만 아니라 기회에 대해서도 언급했다. 그러나 시즌 개막 이후 한 번도

왼쪽 아래
클롭의 첫 경기에서 템포를 조절하는 제임스 밀너.

오른쪽 아래
새 감독의 풀 스로틀 접근법을 적용 중인 알베르토 모레노.

패하지 않은 토트넘 홋스퍼와 맞서는 일은 언제나처럼 힘겨울 터였다.

이후 이어진 무득점 무승부를 두고 일각에서 아쉬운 경기라고 평가했지만, 신임 감독은 그렇지 않았다. "무실점이 제가 꿈꾼 결과는 아니지만 괜찮습니다. 오늘 우리 팀에서 좋은 점을 많이 봤기 때문에 행복합니다. 우리는 압박을 가했고 매우 공격적이었습니다. 앞으로 더 강해지겠지만 사흘 본 선수들과 함께 이뤄낸 결과이기에 아주 만족스럽습니다."

오리기가 초반에 날린 헤더슛을 제외하면 리버풀의 득점 기회는 거의 없었고, 2점을 잃었다기보다는 승점 1점을 얻은 경기로 평가받았다. 많은 전문가가 최우수선수(MOM)로 골키퍼 시몽 미뇰레를 선정한 것만 봐도 경기의 흐름이 어땠는지를 알 수 있다. 하지만 리버풀 선수들은 압박을 받을 때 깊이 파고들며 대의를 위해 전력을 다했다. 클럽은 선수들의 에너지 레벨을 높이는 데 중점을 두었고, 선수들은 그 시즌의 어떤 경기보다도 더 많이 그라운드를 누볐다(116km).

터치라인에서 클럽은 선수들만큼이나 바빴다. 그는 90분 내내 가만히 서 있지 않았고, 이는 곧 리버풀의 경기 때마다 흔히 볼 수 있는 모습이 되었다.

그의 부임으로 인한 활기찬 분위기는 이미 팬들 사이에 널리 퍼졌다. 정오 킥오프에 맞춰 먼 길을 달려온 3천 명의 리버퍼들리언[Liverpudlian, 리버풀 출신]들은 그에게 경의를 표하기 위해 쉼 없이 노래 부르며 독일 삼색기를 흔들었고, 첫 기자회견에서 했던 호소에 대한 답례로 '우리는 믿습니다'라고 적힌 현수막도 내걸었다.

　마지막 휘슬이 울리자 클롭은 그라운드에 나와 선수들을 포옹하고 팬들에게 인사를 건넸다. 새로운 시대가 공식적으로 열리고 있었다.

"첫날부터 감독님이 원하는 것이 무엇인지 바로 알 수 있었습니다. 시속 1천 마일의 헤비메탈 축구였고, 우리에게 익숙한 것과는 완전히 다른, 엄청나게 빠른 속도였습니다. 모두가 경기 속도를 따라잡기 위해 고군분투했지만 그는 터치라인에서 끊임없이 격려의 말을 외쳤고, 우리는 그에 발맞춰 분주히 뛰었습니다. 감독님은 '우리만의 역사를 만들어야 한다'고 말했고, 우리는 이를 달성하기 위해 출발했습니다. 그는 비전을 가지고 있었고 우리는 함께 여정을 떠났습니다. 우여곡절도 있었지만, 특별한 순간도 많았습니다. 여러분이 보는 위르겐 클롭이 바로 진정한 감독님의 모습입니다. 포옹부터 게임을 둘러싼 내러티브를 노련하게 판단하는 방법까지, 위르겐 클롭 같은 감독님과 함께 일할 수 있어서 정말 좋았습니다."

−제임스 밀너 | 전 리버풀 FC 미드필더(2015-2023) |

이룩

첼시 VS 리버풀 | 프리미어리그, 2015년 10월 31일 |

'특별한 사람'과 '평범한 사람'의 대결. 노장과 신예의 대결. 조제 모리뉴와 위르겐 클롭이 프리미어리그에서 처음으로 맞대결을 펼쳤다.

사실 감독들이 아니었다면 이 경기는 우승과는 거리가 멀다고 예상하던 평범한 두 팀의 만남에 지나지 않았을 것이다. 하지만 이 두 클럽과 감독들은 서로 다른 위치에서, 서로 다른 방향으로 나아가고 있었다. 바로 여기에, 반전이 숨어 있었다.

클롭은 부임한 지 3주밖에 되지 않았고 프리미어리그에서 단 두 경기만을 치른 반면, 모리뉴는 프리미어리그 세 번의 챔피언이자 당대에 가장 성공적인 감독이었다. 하지만 시즌 초반 부진한 출발을 보인 모리뉴는 이제 스탬퍼드 브리지[첼시 FC의 홈구장]에서 벼랑 끝으로 내몰리고 있었다.

리버풀에서의 클롭의 영향력을 판단하기에는 아직 너무 이른 시기였다. 클럽 분위기가 좋아진 것은 분명했지만, 첫 4경기에서 3무 1패를 기록했고 리그컵에서 AFC 본머스를 상대로 거둔 승리가 유일했다. 결과 면에서 좋은 출발은 아니었다.

첼시의 하미레스가 단 4분 만에 선제골을 터뜨리자 또다시 답답한 경기가 시작되는 듯했다. 그런데 전반이 지나면서 리버풀이 역전의 발판을 마련했다. 하프타임이 다가올수록 리버풀의 경기력이 더 위협적으로 보였다.

첼시는 필사적으로 수비하며 하프타임 휘슬이 울릴 때까지 버텼다. 모리뉴 감독이 이미 라커룸으로 가는 길목에서 선수들을 기다리던 순간, 리버풀의 필리페 쿠티뉴가 동점골을 터뜨렸다.

경기는 후반전 내내 균형을 유지했다. 때때로 팽팽한 긴장감이 감돌았지만, 클롭의 영리한 교체 투입으로 리버풀이 다시 유리한 고지를 점령했다.

경기가 풀리고 있음을 감지한 클롭은 도박을 걸었다. 그는 부임 후 처음으로 포지션별로 선수를 교체했다. 수비력이 뛰어난 제임스 밀너 대신 공격수 크리스티안 벤테케를 투입했고, 벤테케는 곧바로 강렬한 존재감을 드러내기 시작했다. 74분에는 공중 경합의 강점을 살려 쿠티뉴에게 패스했고, 쿠티뉴는 굴절된 슈팅으로 골망을 가르며 두 번째 득점을 올렸다.

종료 8분 전, 벤테케는 교체 투입된 조던 아이브의 도움을 받아 골로 연결하며 승리에 쐐기를 박았다.

이 골로 리버풀은 클롭 감독 체제에서 가장 좋은 성적을 거두며 훌륭한 경기를 마무리했다. "때로는 정말 열심히, 죽을힘을 다해 경기를 펼쳐야 할 때도 있습니다. 아이러니하게도 이런 경기가 밖에서는 너무 쉬운 경기처럼 보이기도 합니다. 오늘 경기가 그랬습니다." 클롭은 경기 후 이렇게 말했다.

과거 리버풀의 재앙이었던 모리뉴 감독에게 이 경기는 마치 핼러윈 호러 쇼와도 같았다. 모리뉴의 끝이 가까워지고 있었다. 그는 6주 후 경질되었다.

몇 번의 실패 끝에 위르겐 클롭이 프리미어리그에 본격적으로 자신의 존재를 알린 날이었다. 리버풀이 디펜딩 챔피언 첼시를 상대로 거둔 승리이자, 클롭 감독의 프리미어리그에서의 첫 승이었다.

"도르트문트와 마인츠에서 감독님이 이룬 업적을 알고 있었기 때문에 좋은 감독이 우리 클럽에 왔다고 생각했습니다. 감독님은 선수들과 함께 일하며 경기에 대비하고 동기를 부여할 수 있는 큰 인물이었고, 곧바로 변화를 일으켰습니다. 전술적으로 매우 뛰어났고 진정한 승자였습니다. 매일 훈련마다 그런 모습이 보였고, 경기 당일에는 터치라인에서 고스란히 느낄 수 있었습니다. 감독님과 선수들, 서포터스 모두가 하나로 뭉쳤습니다. 리버풀에서 앞으로 어떤 일이 벌어질지 미리 알 수 있는 신호였죠. 안타깝게도 저는 부임 초반에만 함께했지만 결국 우승 트로피는 리버풀에 돌아갔습니다. 리버풀의 모든 사람이 갈망했던 우승이었죠. 팬으로서 클롭이 리버풀 감독이라는 게 개인적으로도 기쁜 일이었습니다."

−마르틴 스크르텔 | 전 리버풀 FC 수비수(2008-2016) |

응원석과 소통하는 감독

리버풀 VS 웨스트 브로미치 앨비언 | 프리미어리그, 2015년 12월 13일 |

지금 이 중요한 순간은 한 달 전 크리스털 팰리스와의 홈 경기가 끝날 무렵에 있었던 사건
으로 거슬러 올라간다.

2015년 11월 8일, 리버풀이 2-1로 뒤진 채 시간이 점점 줄어들고 있는 가운데 안필드에는
실망의 한숨 소리가 울려 퍼졌다. 위르겐 클롭은 메인스탠드의 응원을 기다렸지만, 팬들이
일찍 자리를 뜨는 것을 보고 충격을 받았다. 그는 자신의 감정을 드러내는 데 주저하지 않
았다. 리버풀 감독으로서 처음으로 패배를 맛본 그는 나중에 "그 순간 외로움을 많이 느꼈
다"고 인정했다.

리버풀은 에티하드 스타디움에서 맨체스터시티를 4-1로 완파한 것을 포함해 이후 4연
승을 거두며 기세를 올렸다. 하지만 클롭의 재임 초기 몇 달 동안은 일관성 없는 경기력으

로 인해 어려움을 겪었다. 12월에는 뉴캐슬에 패하고 유로파리그에서 FC 시옹과 무승부를 거두는 등 두 번의 실망스러운 원정 경기 후에, 안필드에서 웨스트 브로미치 앨비언을 맞이했다.

부상에서 돌아온 주장 조던 헨더슨이 전반 21분에 선제골을 넣자, 팬들은 다시 한번 리버풀의 경기력 회복을 기대했다. 그러나 웨스트 브로미치가 전반과 후반, 양 코너에서 두 골을 넣으며 승기를 잡았다.

관중석에서는 불평이 터져 나왔고, 경기장 안에서는 긴장감이 고조되고 있었다. 클롭은 상대 감독인 토니 풀리스와 터치라인 바깥에서 다툼에 휘말리기까지 했다.

팀이 리그 2연패의 위기에 빠지자, 클롭은 두 팔을 번쩍 들어 올리며 관중의 호응을 촉구했다. 이번에는 모두가 호응했다. 아무도 먼저 자리를 뜨지 않고 열렬한 응원을 보냈다.

리버풀은 여전히 동점골을 만들어내지 못했다. 경기가 추가시간으로 접어들면서 상대 골대를 향한 공격이 계속되었고, 결국 96분에 보상을 받았다. 교체 투입된 디보크 오리기가 먼 거리에서 시도한 슈팅이 굴절되어 골대 뒷공간으로 빨려 들어갔다.

"감독님이 부임한 후 저는 중앙 미드필드에서 제 역할을 찾았고, 그것이 제게 돌파구가 되었습니다. 처음에는 매우 까다로웠어요. 세컨드 볼을 잡지 못하면 소리를 지르셨고, 다음에는 두 배로 빨리 공을 잡으라고 하셨죠. 노력 없이는 아무것도 할 수 없다는 걸 배웠습니다. 감독님은 누구나 뛰어야 한다고 말씀하셨어요. 그 시절은 제 개인적, 직업적 발전에 매우 중요한 시기였습니다. 감독님은 클럽의 많은 것을 바꾸었고 팬들의 중요성을 인식했습니다. 웨스트 브로미치와의 홈 경기 후에는 우리 모두를 관중 앞에 함께 세우고 인사를 했습니다. 그가 얼마나 독특한 감독인지 보여주는 특별한 순간이었고, 그 자신에게도 큰 의미가 있었습니다. 감독님은 계속해서 훌륭한 팀을 만들었고, 저는 그가 준 도움에 항상 감사할 겁니다."

–엠레 잔 | 전 리버풀 FC 미드필더(2014-2018) |

위
안필드에서 웨스트 브로미치와 경기를 펼치는 미드필더 엠레 잔.

다음
서포터들에게 감사의 인사를 전하는 클롭 과 선수들.

웨스트 브로미치와의 홈 경기에서 승점을 따낸 후, 광란의 축하 장면이 펼쳐졌다. 클롭은 기쁨을 주체할 수 없었다. 그에게는 그 이상의 의미가 있었다. 팀을 전폭적으로 지지하는 관중의 힘으로 무엇이든 이룰 수 있다는 것을 증명한 것이었으니 말이다. 경기가 끝나자, 클롭은 모든 선수를 한데 모아 응원석으로 데리고 가서 팔짱을 끼고 일렬로 서서 팀 승리를 도와준 팬들에게 인사를 남기는 것으로 유명세를 얻었다.

"무승부의 승점은 1점뿐이라는 것을 알지만 꼭 3점처럼 느껴졌습니다." 경기 후 그는 말했다. "폭발적인 순간이었으며, 이 팀에 온 이후 느낀 최고의 순간이었습니다. 때로는 올바른 방법으로 얻은 승점이 더 중요할 때도 있죠. 나는 이 경기를 정말 즐겼습니다. 온몸으로 분위기를 즐겼죠."

외부에서 바라보는 사람들은 클롭을 조롱했지만, 클롭은 리버풀 팀과 서포터스 사이에 항상 존재했던 독특한 유대감을 다시 연결했을 뿐만 아니라 더 공고히 다진 감독이었다.

캐로 로드에서의 혼돈과 코미디

노리치시티 VS 리버풀 | 프리미어리그, 2016년 1월 23일 |

재능과 타고난 능력은 성공적인 축구팀을 구성하는 핵심 요소이나, 끊임없는 노력과 승리에 대한 불굴의 의지라는 화려하진 않지만 결코 과소평가할 수 없는 요소도 있다. 위르겐 클롭이 안필드 제국을 건설하기 시작한 토대는 바로 이런 요소들이었다.

2016년으로 접어들면서 클럽에 대한 평가는 엇갈렸다. 클럽은 선수단 전체에 새로운 단결 정신을 심어주었고 패배보다 승리를 더 많이 거두었지만, 경기 결과는 여전히 예측할 수 없었다. 12월 말, 리버풀은 곧 리그 챔피언이 될 레스터시티를 꺾었고, 선수 로테이션이 심했던 리그 2[4부 리그]의 엑서터시티를 상대로는 굴욕적인 FA컵 탈락의 고배를 마실 뻔했다.

클럽이 이끄는 리버풀의 진정한 수준을 아는 이라면 잉글랜드 동부, 골이 미친 듯이 터지던 이날의 경기를 보고 고개를 갸우뚱했을 것이다.

전반 18분 호베르투 피르미누가 선제골을 터뜨렸지만, 어설픈 수비로 인해 초반의 우위가 한순간에 사라지면서 경종이 울리기 시작했다.

캐로 로드[노리치시티의 홈구장]에서 두 골을 넣은 호베르투 피르미누.

문제의 근원은 리버풀이 세트피스 수비에 성공하지 못했기 때문이었다. 최근 세 경기에서 리버풀은 세트피스에서 많은 실점을 허용했다. 시즌 실점의 40퍼센트 이상이 이런 상황에서 나왔고, 코너킥 상황에서 가장 많은 골을 실점한 불명예스러운 기록을 보유하고 있었다.

클롭은 "마치 자기충족적 예언과도 같습니다"라고 말했다. "모두가 그에 대해 이야기하고 있었고, 우리도 그에 대해 생각하고 있었습니다. 그렇게 어려운 일은 아닙니다. 다만 수비하는 법을 아는 것과 그걸 실천하는 건 다른 문제죠."

54분이 지나자 경기가 완전히 뒤집혀서 노리치시티가 3-1로 앞서나가기 시작했다. 1992년 이후 리버풀이 리그에서 두 골 차 열세를 뒤집고 승리를 거둔 것은 단 두 번뿐이었고, 승점 1점을 챙길 가능성도 희박해 보였다.

진정한 기백이 필요한 순간이었다. 다행히 클롭의 팀은 기백이 넘쳤다. 클롭은 팀이 지고 있다는 사실을 믿지 않았고, 그의 진심은 경기장에 그대로 전달되었다. 선수들이 주저앉았을 때도 클롭은 계속해서 터치라인 위아래로 미친 듯이 뛰며 거친 몸짓과 격려의 말로 선수들을 다그쳤다. 조던 헨더슨, 피르미누(두 골째), 제임스 밀너가 득점하며 예상치 못한 반격이 이어졌다.

그렇게 할 일이 끝난 걸까? 아직은 아니었다. 카나리아는 다시 한번 노래를 불렀고, 절망

9골이 터진 노리치시티와의 접전에서 극적인 결승골을 터뜨리는 애덤 럴라나.

축제의 한가운데에
선 클롭.

스럽게도 추가시간 2분 만에 동점이 되었다. 대부분의 감독이라면 이 순간을 승점 1점이나 챙기고 물러서라는 신호로 받아들였겠지만, 클롭에겐 아직 마지막 한 방이 남아 있었다.

몇 초밖에 남지 않은 상황에서 마지막 필사적인 패스가 결국 애덤 럴라나에게 완벽하게 떨어졌고, 그는 왼발 발리슛으로 승부에 쐐기를 박았다. 믿기지 않는 장면이었다. 골을 터뜨린 선수는 축하의 의미로 셔츠를 벗어 던지고 벤치로 달려갔다. 클롭은 이미 그를 만나기 위해 전력 질주하고 있었다. 기쁨의 환호 속에서 클롭은 우스꽝스럽게도 안경을 잃어버렸다. "두 번째 안경이 있는데 찾을 수가 없어요. 안경이 없으면 안경을 찾기가 정말 어렵습니다." 그는 나중에 이렇게 농담을 던졌다.

열광적인 축하 분위기는 컵 대회 결승전 승리 때와 비슷했다. 하지만 클롭은 럴라나의 공격이 실제로는 아직 진행 중인 프로젝트의 균열을 덮는 역할을 했을 뿐이라는 것을 너무도 잘 알고 있었다. 리버풀의 최고와 최악을 모두 보여준 경기였다. 그는 나중에 "하나의 문제를 해결하면 또 다른 문제가 생기는 것이 인생"이라고 말했다.

"위르겐 클롭이 다음 감독이라고 해서 기뻤던 기억이 납니다. 그는 자신을 '평범한 사람'이라고 불렀지만 그렇게 부르기엔 너무나 카리스마가 넘쳤죠. 리버풀을 향한 기대가 큰 상황에서, 감독님은 도착하자마자 우리 모두의 부담을 덜어줬습니다. 그는 리버풀의 감독으로서 어떻게 행동해야 하는지, 그리고 그 배지가 무엇을 의미하는지 잘 알고 있었죠. 감독님의 팀 장악력을 의미하는 상징적인 경기가 다행히 부임 초기에 터졌습니다. 그 승리로 감독님의 안경을 깨뜨릴 정도로 열광적인 축하가 이어졌지만 다행스럽게도 감독님은 저를 원망하지 않았습니다! 그는 결국 클럽에 성공을 가져왔고 저는 그 일원이 된 것이 행운이라고 생각합니다. 우리가 이룬 모든 것은 그의 천재성과 그를 둘러싼 아우라 덕분입니다. 평범한 감독이라면 결코 해낼 수 없었을 일이며, 그의 유산은 영원히 남을 겁니다."

–애덤 럴라나 | 전 리버풀 FC 미드필더(2014-2020) |

웸블리의 우울

리버풀 VS 맨체스터시티 | 리그컵 결승전, 2016년 2월 28일 |

부임한 지 불과 4개월 만에 팀을 웸블리 결승전으로 이끈 감독은 많지 않다. 그걸 위르겐 클롭이 해냈다.

　노리치시티전에서 양 팀 합산 9골이라는 놀라운 경기를 펼친 후로도, 일관성 없는 경기력이 리버풀을 괴롭혔다. 하지만 리버풀은 애스턴 빌라와의 원정 경기에서 6-0으로 여섯 경기 무승 행진을 끝냈고 아우크스부르크에게 2연승을 거두며 유로파리그 16강 진출을 확정했다.

　리버풀 감독으로서의 첫 웸블리 경기는 두려움의 대상이 아니었다. 2013년 보루시아 도르트문트 소속으로 이곳에 온 적이 있었는데, 챔피언스리그 결승에서 분데스리가 라이벌 바이에른 뮌헨에게 1-2로 패배했던 그날 밤의 기억이 생생하게 남아 있었다. 다시는 견디고 싶지 않은 경험이었다.

　클롭은 결승에 진출하면서 그 특유의 열정과 스타일로 팬들의 마음을 완전히 사로잡았

루카스 레이바와 다비드 실바가 웸블리 스타디움에서 공을 두고 경쟁하고 있다.

"감독님의 합류는 모두에게 큰 힘이 되었습니다. 위르겐 클롭과 같은 경력을 가진 사람과 함께 일하는 것은 정말 신나는 일이었습니다. 몇 달 만에 우리는 리그컵 결승에 진출했는데 웸블리 구장에서 리버풀을 위해 뛰는 것이 항상 제 꿈이었죠. 킥오프 몇 시간 전에 그는 제가 선발 출전할 거라고 말했습니다. 정말 특별한 순간이었어요. 아쉽게도 경기에서 이기지 못했지만, 그 후에도 그는 매우 긍정적이었던 기억이 납니다. 그에게 좋은 일이 일어날 것 같았죠. 그는 또 매우 개방적인 사람이었습니다. 어느 날 제가 팀에 합류하지 못한 것이 마음에 들지 않아 그를 찾아갔더니 '루카스, 내 생각을 말할 순 있지만 네가 듣고 싶은 말은 아닐 수도 있어'라고 말하더군요. 저는 그 말을 전적으로 존중했고 우리는 항상 좋은 관계를 유지했습니다. 그는 제게 훌륭한 감독님이었습니다."

―루카스 레이바 | 전 리버풀 FC 미드필더(2007-2017) |

다. 그는 웸블리를 두려워하던 팬들에게 다시 좋은 감정을 찾아주었다. 결과가 항상 팬들의 마음에 든 것은 아니었지만, 리버풀이 나아가고 있는 방향은 분명했다.

리그컵은 리버풀에게 대부분 행복한 기억으로 남아 있다. 리버풀은 무려 여덟 번이나 우승컵을 들어 올렸고, 빌 섕클리의 유명한 말처럼 우승 트로피를 들어 올리는 것이 이 클럽의 존재 이유였다. 대회의 위상은 중요하지 않았다.

클롭 역시 비슷한 사고방식을 가지고 있었으며, 부임 초기에 우승컵을 들어 올려서 얻을 수 있는 이점을 알고 있었다. 하지만 규정에 따라 클럽은 평소 즐겨 입는 운동복과 야구 모자 차림이 아니라 정장으로 갈아입어야 했다. 보기에도 좋지 않았고 나쁜 징크스가 되었다.

리버풀은 하프타임 직후 페르난도에게 골을 내줬다. 7분을 남기고 필리페 쿠티뉴가 동점골을 넣으며 승부를 연장전으로 이끌자, 클럽은 기뻐하며 공중으로 주먹을 날렸다. 그러나 추가 득점이 나오지 않아 승부차기 끝에 승자가 결정되었다.

리버풀은 클롭이 부임하기 한 달 전인 대회 3라운드에서 칼라일 유나이티드를, 준결승에서 스토크시티를 같은 방식으로 물리쳤다. 하지만 불행히도 그들은 행운을 다 써버렸다. 웸블리에서 세 번의 불운이 찾아왔다.

리버풀이 초반에 우위를 점했으나 루카스 레이바, 쿠티뉴, 럴라나가 연속으로 득점에 실패하며 우승컵은 맨체스터시티에게 돌아갔다. 리버풀이 컵대회 결승전에서 승부차기에서 패배한 것은 이번이 처음이었다.

당연히 실망스러운 일이었지만 클럽은 이를 기회로 삼겠다고 다짐했다. "기분은 다운되었지만 이제 일어나야 합니다." 경기 후 그는 말했다. "멍청한 바보들만이 바닥에 주저앉아

옆
리버풀 감독으로서의 첫 컵대회 결승전을 앞두고 선수들과 함께 선 클롭.

왼쪽 위
제임스 밀너는 리버풀이 승부차기에서 패하자 실망감을 감추지 못했다.

오른쪽 위
낙담한 애덤 럴라나가 멍하니 정면을 바라보는 가운데, 주장 조던 헨더슨이 필리페 쿠티뉴에게 위로의 말을 건네고 있다.

다음 패배를 기다립니다. 우리는 반격할 것입니다. 우리는 계속 나아갈 것이고 더 나아질 것입니다. 우리는 열심히 뛰고 계속 나아가야 하며 터널 끝에는 빛이 있습니다. 오직 그것만이 중요합니다."

　반응은 즉각적이었다. 불과 4일 후 리그에서 두 팀이 다시 만났을 때, 리버풀은 맨체스터 시티를 3-0으로 완파하며 웸블리의 우울을 떨쳐냈다. 클롭의 말이 맞았다. 그 누구도, 무엇도 이 팀을 오랫동안 주저앉힐 수는 없었다.

피 튀기는 혈투

맨체스터 유나이티드 VS 리버풀 | 유로파리그 16강 2차전, 2016년 3월 17일 |

리버풀과 맨체스터 유나이티드. 영국 축구에서 가장 성공적인 두 클럽은 자랑스러운 전통을 가지고 있다. 그런데 이상하게도 2015-16 시즌까지 이 치열한 라이벌은 유럽 대회에서 한 번도 맞붙은 적이 없었다.

이 경기는 위르겐 클롭이 좋아하는 박진감 넘치는 경기가 될 것으로 예상되었다. 보루시아 도르트문트 감독으로서 바이에른 뮌헨과 수년간 맞붙어온 그는 영국판 '데어 클라시커' [바이에른 뮌헨과 보루시아 도르트문트의 라이벌 매치]와 같은 치열한 승부에 대한 준비가 잘 되어 있었다.

유로파리그 초반에는 관심을 두지 않았던 사람들의 관심이 갑자기 고조되었다. 클롭은 이 대회를 "모든 경기의 어머니"라고 불렀다.

상황이 다르게 전개되었다면 클롭은 가슴에 '붉은 악마'를 달고 터치라인에 서 있었을지도 모른다. 리버풀이 클롭을 선임하기 전 맨체스터 유나이티드가 클롭에게 적극적인 관심을 보였던 것은 잘 알려진 사실이다. 협상이 진행되었지만 클롭은 정중히 거절하고 도르트문트에 남기로 했고, 결국 맨체스터 유나이티드의 손실은 리버풀의 이익이 되었다. 독일 출신 클롭에게 거절당한 올드 트래퍼드는 결국 네덜란드 출신의 루이 판 할을 선임했다.

두 달 전 리그 맞대결에서는 판 할 감독이 클롭에게 승리를 거뒀지만, 이번 유로파리그 경기에서는 일찍이 복수할 기회를 제공했다. 안필드에서 열린 1차전에서 클롭의 리버풀은 맨체스터 유나이티드를 2-0으로 완파하며 짜릿한 승리를 이끌었다.

일주일 뒤의 리턴매치에서는 맨체스터 유나이티드가 승기를 잡았으나, 클롭은 또다시 판 할을 제압했다.

리버풀 팬들은 직접 만든 다양한 깃발과 클럽의 성공적인 역사를 기리는 방대한 노래 레퍼토리로 무장하고 파티 분위기를 만끽했다. 앙토니 마르시알의 전반 32분 페널티킥도 성 패트릭의 밤만큼이나 활기찬 팬들의 기분을 꺾을 수 없었다.

결정적인 순간은 하프타임이 다가올 무렵 반짝이는 발끝의 필리페 쿠티뉴를 통해 찾아왔다. 공간을 확보한 쿠티뉴는 오른쪽 측면을 따라 페널티 구역 안쪽으로 진입한 후 골키

위
올드 트래퍼드에서 2
차전 승리를 위해 출
격 준비 중인 리버풀
선수들.

다음
맨체스터 유나이티드
와의 1차전에서 리버
풀의 선제골을 넣은
대니얼 스터리지.

퍼 다비드 데 헤아를 피해 타이트한 각도에서 정교하게 공을 차넣었다. 클롭에 따르면 "완벽한 골"이자 "천재적인 순간"이었다.

리버풀의 등번호 10번은 기절해 있는 스트레트퍼드 엔드[맨체스터 유나이티드의 열성 팬들이 주로 앉는 응원석] 앞을 멋지게 지나갔고, 올드 트래퍼드의 작은 구역에 자리 잡은 원정 리버퍼들리언들은 축하 조명 쇼로 맨체스터 하늘을 밝혔다.

산산조각이 난 맨체스터 유나이티드에서, 판 할 감독의 시대는 끝났다. 클럽은 다시 한번 자신의 전술을 펼칠 기회를 얻었다. "우리는 다음 라운드에 진출할 자격이 있습니다. 의심의 여지가 없습니다. 선수들이 정말 자랑스럽습니다."

맨체스터 유나이티드가 리버풀의 잉글랜드 리그 최다 우승 기록을 넘어선 지 5년이 지났음에도, 유럽 대회에서는 여전히 그늘에 머물러 있다는 평가가 지배적이었다. 이 패배는 그 상처에 소금을 뿌렸다.

아직 완전히 제자리로 돌아온 것은 아니었지만, 리버풀이 클롭의 지휘 아래 올바른 비행 경로를 밟고 있다는 증거였다.

"감독님이 부임한 후, 팀 모두가 그의 아이디어와 프로젝트에 동의했습니다. 그와 함께 일하는 것은 강렬한 경험이었습니다. 시속 100마일로 달리는 로큰롤 축구였죠. 그는 완전히 새로운 차원의 강도를 추구했고, 우리는 특히 유로파리그에서 바로 도전했습니다. 1차전부터 2-0으로 앞선 가운데 올드 트래퍼드로 간다는 것은 엄청난 일이었습니다. 물론 우리는 자신감이 넘쳤지만, 감독님은 정신적 준비를 갖출 수 있게 해주셨고 우리는 임무를 완수할 수 있었습니다. 멋진 밤이었죠. 그는 다른 어떤 감독님들과도 다른, 정말 훌륭한 감독이었습니다. 제가 원한 만큼 그의 밑에서 많이 뛰진 못했지만, 우리는 지금까지도 좋은 관계를 유지하고 있습니다. 그를 사랑하고 존경합니다."

－대니얼 스터리지 | 전 리버풀 FC 공격수(2013-2019) |

친구들과의 재회

리버풀 VS 보루시아 도르트문트 | 유로파리그 8강 2차전, 2016년 4월 14일 |

안필드에서 이슬 맺힌 향수를 불러일으키려면, 이 클럽에 깊이 새겨져 있는 스릴 넘치는 유럽 대항전의 밤을 추억하는 것만큼 좋은 것은 없다.

리버풀에게는 영원히 찬사받을 유명한 대륙 정복의 목록이 길지만, 2016년에는 가장 최근의 잊을 수 없는 눈부신 밤조차도 빠르게 사라지는 추억이 될 위기에 처했다.

그런 일이 발생하고 더 이상 기대할 만한 새로운 것이 없을 때, 자연스럽게 '예전에는 얼마나 좋았던가' 하는 생각이 들기 마련이다. 클럽은 새로운 추억을 만들어야 한다는 것을 잘 알고 있었다. 그는 클럽의 지휘봉을 잡았을 때 역사의 무게가 때때로 너무 큰 짐이 될 수 있으며, 새로운 이야기가 쓰이기를 원한다고 경고했었다.

하지만 그는 부임한 지 불과 6개월 만에 이런 기회가 올 것이라고는 생각지 못했다. 특히 그가 물려받은 팀이 유로파리그에만 출전하고 있었기 때문에 더욱 그랬을 것이다. 이전 라운드에서 숙명의 라이벌 맨체스터 유나이티드를 물리친 후 감독과 선수들, 서포터들의 욕구는 불타올랐다.

8강 대진 추첨에서 가장 흥미진진한 대결이 성사되었을 때 팬들은 침을 흘렸다. 리버풀 대 보루시아 도르트문트, 클럽의 새로운 사랑과 이전의 사랑, 혹은 '엘 클럽피코'라고 불리는 클럽 더비. 의심할 여지가 없는 이번 라운드의 명승부로, 유러피언컵 우승팀인 두 팀의 대결은 결승전 자체뿐만 아니라 챔피언스리그까지 장식할 수 있는 경기였다.

경기를 향한 관심은 당연히 엄청났고, 클럽의 감격스러운 복귀를 보기 위해 6만 5천 명 이상의 관중이 베스트팔렌슈타디온[보루시아 도르트문트의 홈구장]을 찾았다. 도르트문트가 우승 후보로 여겨졌지만, 리버풀은 전반 초반 디보크 오리기의 선제골로 리드하며 만족스러운 경기를 펼쳤다. 비록 후반에 마츠 후멜스에게 동점골을 허용했지만 귀중한 1-1 무승부를 기록하며 다음 주 안필드에서 열리는 2차전을 앞두고 기분 좋은 출발을 알렸다.

클래식이 될 가능성이 있는 경기였고 실망은 없었다. 기대치를 뛰어넘는 역대급 분위기가 조성되었다.

두 클럽의 응원가로 많은 사랑을 받는 「그대는 결코 혼자 걷지 않으리(You'll Never Walk

"우리는 믿음을 잃지 않았습니다. 하프타임 때 감독님은 '2005년 챔피언스리그 결승전 전반에 리버풀이 AC 밀란에 0-3으로 뒤지고 있었을 때를 기억하라'고 말했습니다. 그는 우리에게 무엇이든 가능하다는 것을 상기시켜 주었고, 실제로 그렇게 되었죠. 2점 차로 지고 있을 때 우리는 경기를 멈추고 고개를 숙이고 있었지만, 감독님은 끝까지 경기를 계속할 수 있도록 격려했습니다. 그게 가장 중요한 것이었죠. 모든 서포터들과 저, 그리고 감독님에게 최고의 경기 중 하나였습니다. 감독님과 함께 뛰었던 것은 정말 즐겁고 절대 잊지 못할 추억입니다. 그는 메시나 살라처럼 특별한 사람이고, 그런 사람은 많지 않아요. 100년 후에도 사람들은 리버풀의 위르겐 클롭 왕조를 이야기할 겁니다. 그는 안필드뿐만 아니라 축구 전반에 걸쳐 엄청난 유산을 남겼어요. 모두가 그를 그리워할 겁니다."

−데얀 로브렌 | 전 리버풀 FC 수비수(2014-2020) |

Alone)」의 감동적이고 감성적인 버전은 깃발과 조명탄, 스카프와 노래로 가득한 열정의 밤을 알리는 완벽한 서곡이었다. 분위기는 이전에 안필드에서 펼쳐졌던 위대한 유럽 대항전의 밤들에 맞먹는 수준이었다. 한쪽 구역에는 노란색과 검은색, 다른 구역에는 빨간색과 흰색 스카프가 관중석을 가득 채웠고 소음은 귀에 거슬릴 정도였다.

말 그대로 장관이었다. 목요일 밤, 안필드에서 유로파리그 경기가 열린다는 사실 이상의 의미를 지닌 매우 중요한 대전이었다. 웨스트햄 유나이티드와의 FA컵 4라운드 재경기에서 탈락한 리버풀로서는 이번 시즌 마지막 우승 기회이자, 프리미어리그 4위와 승점 9점 차로 뒤진 상황에서 만일 우승한다면 챔피언스리그에 진출 가능한 기회였다. 반면 도르트문트로서는 아직 우승 트로피를 들어 올리지 못한 유일한 유럽 대회였다.

경기 전 기자회견에서 상대 팀 감독 토마스 투헬은 도르트문트의 공격 축구를 공언했는데, 클럽은 상대 팀이 킥오프 후 9분 만에 2-0으로 앞서가는 것을 사이드라인에서 무기력하게 지켜볼 수밖에 없었다.

원정골이 두 배로 계산되는 상황에서 리버풀은 이제 세 골을 넣어야 했다. 2005년 챔피언스리그 결승전 이후 리버풀이 이렇게 어려운 과제에 직면한 것은 처음이었다. 도르트문트

안필드 구장에서 킥오프에 앞서 도열한 리버풀과 보루시아 도르트문트 선수들.

는 2016년에 아직 한 번도 패하지 않은 팀으로, 모든 것을 장악하고 4강 진출을 향해 순항하는 듯 보였다.

하프타임 동안 클롭은 선수들의 처진 사기를 끌어올리려고 노력했다. 그는 2005년 이스탄불에서 열린 전설적인 챔피언스리그 결승전[AC 밀란을 상대로 0-3에서 3-3으로 기적적인 동점을 만든 후 승부차기 끝에 리버풀이 우승했다]을 불가능은 없다는 것을 보여준 대표적 사례로 꼽으며, 훗날 자손들에게 자랑할 수 있는 순간을 만들자고 선수들을 독려했다.

후반전 시작 3분 만에 오리기가 득점했지만, 도르트문트가 세 번째 골을 넣으면서 다시 살아난 희망은 순식간에 사라졌다. 리버풀은 시간이 지날수록 안필드에서 한 번도 해보지 못한 가장 힘든 싸움에 직면했다.

이제 치명적인 한계에 봉착한 것 같았던 66분, 필리페 쿠티뉴가 한 골을 만회하면서 믿음이 회복되었다. 클롭은 선수들에게 계속 전진할 것을 주문했다. 그 결과 경기 종료 12분을 남기고 마마두 사코가 헤더슛으로 3-3을 만들며 승부를 원점으로 돌렸다. 관중석이 들썩이고 함성이 한 단계 더 높아졌지만, 시간이 90분을 향해 흘러가면서 도르트문트는 여전히 앞서나갔다.

왼쪽 위
마지막 순간 헤더로 극적인 역전골을 넣은 후 슬라이딩하는 데얀 로브렌.

오른쪽 위
기쁨을 참지 못하고 트레이드마크인 어퍼컷 세리머니를 하는 클롭.

4분의 추가시간이 주어졌다는 전광판 불이 켜지자, 경기는 더욱 치열하게 전개되었고 분위기는 더욱 열광적으로 달아올랐다. 상대 진영에서 얻은 프리킥이 대니얼 스터리지에게 오른쪽으로 연결되었고, 제임스 밀너가 먼 쪽 포스트를 향해 핀포인트 크로스를 올렸다. 데얀 로브렌이 가장 높이 솟구쳐 올라 헤더로 골문을 갈랐다.

안필드가 폭발했다. 로브렌은 무릎을 꿇으며 감격했고 클롭은 열광했다. 중계 해설자는 "리버풀이 죽음에서 살아 돌아왔습니다"라고 외쳤다. 클롭은 리버풀에 새로운 생명을 불어넣었다. 이후 그의 특징이 될 불굴의 정신을 말이다.

예정보다 일찍 클롭은 새로운 세대의 서포터들에게 소중히 간직할 역사의 순간을 선사하는 데 성공했다. 앞으로 더 많은 일이 일어나지만 이 첫 번째 순간은 언제나 특별하게 남을 것이다.

스위스에서 마신 고배

리버풀 VS 세비야 | 유로파리그 결승전, 2016년 5월 18일 |

웸블리에서 열린 리그컵 결승 진출이 위르겐 클롭 체제에서 리버풀의 부흥을 위한 첫걸음이었다면, 유로파리그에서 이를 재현한 것은 훨씬 더 인상적인 성과였다.

안필드에서의 국내 성적은 당연히 거둬야 할 승리로 여겨지지만, 리버풀 팬들의 감성을 자극하는 것은 무엇보다 유럽에서의 성공이다. 클롭이 이끄는 팀이 유로파리그 본선에서 거둔 성과가 도화선에 불을 붙였다. 새로운 감독 부임 후 곧바로 유럽 대회 결승에 진출한 것은 전혀 예상치 못한, 매우 반가운 보너스였다.

이제 모든 길은 세비야와의 결승전을 위해 FC 바젤의 홈구장, 장크트 야코프 파르크로

유로파리그 결승전을 앞두고 붉은 깃발과 스카프가 휘날렸다.

왼쪽 위
엠레 잔이 세비야의
공격을 저지하려고
시도하고 있다.

오른쪽 위
전반전의 화려한 공
격에도 불구하고, 대
니얼 스터리지는 마
지막 휘슬이 울렸을
때 아쉬운 표정을 지
었다.

향했다.

클롭은 이렇게 말했다. "유럽은 규모가 크고, 많은 팀이 결승에 진출하고 싶어 합니다. 그건 절대 쉽지 않은 일이죠. 하지만 우리는 진출했고, 좋은 기회를 맞았습니다."

전통대로 리버풀 서포터들은 경기장이 모두를 수용할 만큼 크지 않은데도 엄청난 숫자가 장크트 야코프 파르크로 몰려들었다. 그들은 오래된 리버풀 깃발과 배너를 눈에 잘 띄는 곳에 걸고 감독과 선수들에게 홈구장과 같은 느낌을 주었다.

클롭의 첫 시즌을 마무리하는 경기였다. 이번 대회에서 리버풀이 우승할 자격이 있다는 것은 누구도 부인할 수 없는 사실이었지만, 준결승에서 비야레알과 맞붙었을 때보다 훨씬 더 혹독한 시험이 될 예정이었다. 세비야는 세 번째 연속 우승을 노리는 팀이었다.

리버풀은 하프타임 10분 전 대니얼 스터리지의 멋진 마무리로 교착 상태를 깨고 승리를 향해 나아가는 듯했다. 그런데 후반전에 설명하기 어려운 턴오버가 이어졌다. 세비야는 후반 시작 1분 만에 동점을 만든 후 두 골을 추가하며 클롭이 바라던 은빛 우승컵 마무리를 무너뜨렸다. "세비야의 첫 골이 우리 경기에 큰 영향을 미친 것은 분명합니다. 우리는 우리의 경기 방식에 대한 믿음을 잃었고, 이 경기는 내 책임입니다." 경기 후 클롭의 솔직한 평가였다.

패배의 고통은 깊었지만, 그날 밤 호텔로 돌아온 클롭은 맥주를 마시고 노래를 부르자고 주장했다. 그는 패배했지만 굴하지 않았고, 선수들에게도 같은 감정을 느끼게 했다.

"경기가 끝나고 모두 기분이 가라앉아 있었는데 호텔로 돌아와서 아래층으로 내려가라는 전화를 받았던 기억이 납니다. 내려가니 감독님이 댄스 플로어에 서서 다 같이 춤을 추자고 하시더군요. 우리는 서로를 쳐다보며 '저 사람이 지금 뭐 하는 거지?'라고 생각했지만, 곧 모두가 무대에 올라 춤을 추기 시작했습니다. 최고의 파티 중 하나였어요. 그 순간 위르겐이 어떤 사람인지 알 수 있었습니다. 믿을 수 있는 사람이라는 것을 바로 알 수 있었죠. 그가 말하는 방식, 드레싱룸을 관리하는 방식, 심지어 악수하는 방식까지도요. 그냥 남달랐어요. 모두가 즉시 그와 하나가 되었고, 그가 이룬 성과를 보는 것은 놀라운 일이 아니었습니다."

— 콜로 투레 | 전 리버풀 FC 센터백(2013-2016) |

유로파리그 결승전은 기나긴 시즌 중에 치른 많은 경기 가운데 하나에 불과했다. 새로운 시대의 첫 우승 트로피를 거머쥐려면 더 기다려야 했지만 클롭은 이렇게 다짐했다. "모든 분께 이 경험을 바탕으로 더 강해져서 돌아올 것을 약속했습니다. 우리는 또 다른 결승에 오를 것이고 다음에는 더 잘해야 한다는 것을 알고 있습니다."

의 심 하 는
자 들 을
믿음을 가진
자 들 로

————————

2016 – 2018

출발 신호

아스널 VS 리버풀 | 프리미어리그, 2016년 8월 14일 |

2016-17 시즌 개막일, 리버풀 데뷔전을 치른 사디오 마네가 에미레이츠 스타디움에서 득점한 후 위르겐 클롭에게 세리머니를 하는 장면은 골 세리머니로서는 기괴한 장면 중 하나였다.

　이 경기는 클롭과 리버풀 초기의 예측할 수 없는 롤러코스터 같은 성적을 상징하는 경기였다. 리버풀은 지난 시즌 두 차례 컵대회 결승에 진출했지만, 챔피언스리그 진출에는 성공

하지 못했고 결국 2위 아스널에 승점 11점 뒤진 8위에 머물렀다.

63분, 마네는 오른쪽에서 공을 커트하고 수비수 두 명을 제친 다음 먼 쪽 상단 구석으로 강력한 슈팅을 날렸다. 시즌 최고의 골 후보에 오른 골이었다. 더 중요한 것은 이 골로 리버풀이 4-1로 앞서기 시작했다는 점이다.

라그나르 클라반과 조르지니오 베이날뒴 역시 데뷔전을 치른 리버풀은 전반전 페널티킥을 놓친 시오 월컷에게 31분 선제골을 내주며 끌려갔다. 하지만 전반전이 끝나기 직전 쿠티뉴가 멋진 프리킥으로 동점을 만들었고, 후반전 시작과 동시에 14분 동안 럴라나, 쿠티뉴, 마네가 연속으로 골을 넣으며 승부가 결정된 것처럼 보였다.

네 번째 골이 터진 직후, 세네갈 출신의 공격수 마네에게 승리의 기쁨을 만끽하라는 듯 등을 내어줄 때만 해도, 클롭은 분명 이겼다고 안심했을 것이다. 그러나 경기는 아직 끝나지 않았다. 그해 여름 클라반과 요엘 마티프를 영입했는데도, 클롭 부임 후 첫 시즌에 여러 차례 보여줬던 리버풀 수비 라인의 취약점이 고스란히 드러났다. 부실한 수비로 후반전 아스널에 두 골을 허용한 리버풀은 4-3의 짜릿한 승리를 끝까지 지키기 위해 초조하게 버텼다.

옆
새로 영입된 사디오 마네가 클롭의 등에 올라타며 데뷔 득점을 자축하고 있다.

왼쪽 위
공중전을 벌이는 호베르투 피르미누와 아스널의 롭 홀딩.

오른쪽 위
리버풀에서 사디오 마네의 영향력은 즉각적이었고, 아스널 수비진은 그를 막기 위해 고군분투했다.

"위르겐 클롭은 이미 좋은 평판을 지닌 감독이었고, 리버풀에서 그 평판을 다시 한번 증명했습니다. 제가 본 그의 첫인상은 그가 강한 성격의 소유자라는 것이었습니다. 그는 자신이 원하는 것이 무엇인지 알고, 자기 생각을 지시하고, 자신이 옳다고 생각하는 것을 사람들에게 설득할 줄 아는 감독입니다. 그는 리버풀을 재건하고 팀 문화와 도시 문화에 동화되었습니다. 팀에 대한 그의 영향력, 투지, 지지 않으려는 열망, 경기가 잘 풀리지 않을 때 주저앉지 않는 모습에서 일찍이 그의 영향력을 확인할 수 있었습니다. 리버풀이 위협적일 수 있다는 것을 이미 알 수 있었죠. 팀은 항상 감독의 성격을 반영합니다. 절대 포기하지 않는 행동은 위르겐의 특성이기도 합니다. 그의 경력은 성실, 헌신, 충성심, 존중이라는 중요한 자질에 기반을 두고 있습니다. 그는 이런 자질에 충실하며 자신의 삶을 헌신했습니다."

—아르센 벵거 | 전 아스널 FC 감독(1996-2018) |

클롭은 이날 경기 중 가장 기억에 남는 순간을 회상하며 자신의 세리머니가 잘못되었음을 인정했다. "제 실수입니다. 경기 종료까지 35분이나 남겨둔 채로 네 번째 골을 그렇게 축하하다니, 말도 안 되는 짓이었습니다. 당연히 마지막 30분간 선수들은 흥분할 수밖에 없었죠. 그 순간 우린 경기 전광판을 끈 거나 마찬가지였습니다. 경기가 끝난 게 아닌데도 말입니다. 아스널이 패하긴 했지만 우리는 아스널에게 다시 경기에 집중할 수 있는 길을 제 손으로 열어준 꼴이었습니다. 마지막 휘슬이 울릴 때까지 확실한 것은 아무것도 없습니다."

승부를 결정지을 뻔한 위협적인 득점부터 무모하게 승점을 내줄 뻔한 순간까지, 감정의 기복이 심한 90분이었다. 리버풀이 텔레비전 방송사의 주요 '픽'이 된 것은 당연한 일이었다. 중립적인 시청자들에게는 흥미진진한 볼거리가 되었지만, 감독은 팀을 계속 괴롭히는 문제를 바로잡아야 할 필요성을 잘 알고 있었다. "4골을 넣는 것은 멋진 일이지만 3골을 실점하는 것은 그 반대입니다. 골을 넣을 수 있다는 자신감과 지식을 얻었지만, 그와 더불어 수비

리버풀은 홈팀에게 후반에 추격을 허용했음에도 불구하고 인상적인 개막전 승리를 거뒀다.

를 더 잘해야 했습니다."

그런데도 아르센 벵거의 아스널을 상대로 원정 승리를 거두며 첫 시즌을 순조롭게 출발한 것은 그 방식이 어떻든 간에 대단한 일이었다. "힘들었지만 멋진 승리였습니다. 당연한 승리입니다"라고 감독은 결론 내렸다.

지금은 유명한 클롭의 피기백[어부바] 세리머니는 2016-17 시즌 리버풀 골 세리머니 톱10 중 4위에 선정되었지만, 다시는 반복되지 않았다.

우리 팀의 스카우서

리버풀 VS 토트넘 홋스퍼 | 리그컵 4라운드, 2016년 10월 25일 |

위르겐 클롭이 처음 눈여겨봤을 때 트렌트 알렉산더-아널드는 큰 키와 건장한 체격을 가진 열일곱 살 소년이었다. 커크비에 위치한 클럽 아카데미의 리버풀 18세 이하 팀 소속이었다. 클럽은 "이 선수의 모습이 마음에 든다"고 말했고, 곧바로 그를 미래의 주전으로 지명했다. 1년 만에 그는 1군 선수가 되었다.

리버풀 근교의 클럽무어 지역에서 자란 알렉산더-아널드는 클럽이 마련한 여름 훈련 캠프에 선발된 후 리버풀 스카우터의 눈에 띄었다. 그는 어린 시절부터 제2의 스티븐 제라드가 되고 싶었던 축구광이었다. 에버턴과 맨체스터 유나이티드에서도 스카우트 제의를 했지만, 그가 원한 클럽은 단 하나였다.

리버풀은 그가 지역 주니어 팀인 컨트리 파크에서 선수로서 성장하는 모습을 주의 깊게 지켜봤다. 그는 여섯 살이 되자, 아카데미에서 훈련을 시작했다. 이후 꾸준히 성장했고 커크비의 아카데미 코치진으로부터 높은 평가를 받았다.

리버풀 클럽 아카데미의 18세 이하 팀에서 활약할 때의 트렌트 알렉산더-아널드.

잉글랜드 청소년 국가대표 출신인 그는 클럽의 16세 이하 및 18세 이하 대표팀 주장을 맡았다.

10대의 트렌트 알렉
산더-아널드는 첫 팀
데뷔전에서 매끄럽게
적응했다.

그의 잠재력을 바로 알아본 클럽은 그를 1군 훈련에 초대했고, 2016년 여름 투어에 데려갔으며, 리버풀의 시즌 프리미어리그 개막전인 아스널과의 원정 경기에 교체 선수로 기용했다.

"그는 대단한 재능을 가진 선수였습니다." 클럽은 이렇게 회상했다. "그를 처음 봤을 때 축구 실력은 의심의 여지가 없었지만, 문제는 신체적으로 이겨낼 수 있는가였습니다. 아직 어린 선수라 체력이 충분하지 않았죠. 그런 부분은 함께 보완해야 했지만, 그는 혼자 힘으로 믿을 수 없을 만큼 놀라운 발전을 보여주었습니다."

클럽은 컵대회 초반 라운드에서 젊은 선수들에게 기회를 주는 것을 두려워하지 않았다. 알렉산더-아널드는 열여덟 살이 된 지 2주 만에 토트넘과의 리그컵 4라운드 홈 경기에서 기회를 얻었다.

처음으로 등번호 66번을 달고 라이트백으로 출전한 그는 당시 최연소 데뷔전을 치른 선수였다. 경기 초반 파울로 옐로카드를 받았지만, 리버풀의 2-1 승리에서 인상적인 활약을 펼치며 감독의 믿음에 보답했다.

클럽은 이렇게 평가했다. "옐로카드와 같은 어려운 순간에도 다시 경기에 집중해야 합니다. 그는 바쁘게 움직이며 계속 경기에 집중하고 현명하게 헤쳐 나갔습니다. 좋은 신호였죠."

감독의 도움으로 안필드의 떠오르는 10대 스타에게 밝은 미래가 다가왔다. 1군에서의 활약은 새로운 계약으로 보상받았고 곧이어 프리미어리그 데뷔가 이루어졌다. 그는 제라드 이후 팀에서 완전히 자리 잡은 최초의 스카우서[Scouser. 리버풀 시민의 별칭]가 되었고 세계 최고의 라이트백 중 한 명으로 성장했다.

리버풀 출신의 평범한 소년에게는 대단한 성과였다. 위르겐 클롭 아래서 알렉산더-아널드는 꿈을 이룰 수 있었다.

다음
클럽 아카데미를 졸업한 트렌트 알렉산더-아널드는 영감을 주는 인물이자 어린 선수들의 본보기가 되었다.

"부임 후 첫 몇 주 동안 감독님은 아카데미에서 어린 선수들을 지켜봤고, 그게 모두에게 큰 힘이 되었습니다. 감독님은 젊은 선수들에게 기꺼이 기회를 주겠다는 의사를 클럽에 전달했고, 저는 그 덕을 톡톡히 봤죠. 토트넘과의 경기 전날에는 제가 선발 출전할 테니 가족들을 경기장에 초대하라고 하셨어요. 감독님은 자랑스러운 순간이 될 테지만, 너무 많이 생각하지 말고 긴장을 풀고 침착하라고, 최대한 잘 자고 오라고 하셨습니다. 또 제가 훈련해온 대로 경기에 임해야 한다고, 기회를 얻었고 준비가 되었다고 설명해주셨어요. 어린 선수로서 들을 수 있는 최고의 말이었고, 저는 감독님이 해주신 모든 말을 경기에 임하는 데 그대로 받아들였습니다. 감독님이 아니었다면 제 커리어가 어떻게 되었을지 누가 알겠어요?"

－트렌트 알렉산더-아널드 | 리버풀 FC 라이트백(2016-현재) |

마네의 크리스마스 선물

에버턴 VS 리버풀 | 프리미어리그, 2016년 12월 19일 |

2016년 머지사이드주의 절반에서는 크리스마스 축제가 일찍 시작되었다. 구디슨 파크[에버턴 FC의 홈구장]의 원정팀 응원석에서 뿜어져 나오는 붉은 연기가 어느 쪽의 축제인지를 알려주는 단서였다.

리버풀과 에버턴의 홈구장은 불과 13킬로미터밖에 떨어져 있지 않다. 구디슨 파크와 안필드 사이의 스탠리 파크 위로 붉은 안개가 피어오르는 것을 볼 수 있었으며, 서포터들은 도시의 자부심인 리버풀이 되찾아온 지위를 자축하고 있었다.

위르겐 클롭에게 이 짧은 '공원 건너편' 원정은 잊지 못할 첫 경험이었다. 지난 시즌 클롭은 에버턴을 4-0으로 완파하며 더비 데뷔전을 치렀지만, 그건 안필드에서 열린 경기였다.

부임 후 처음으로 로날트 쿠만이 이끄는 에버턴을 상대로 팀을 지도하고 있는 클롭.

사실상 경기의 마지막 킥으로, 사디오 마네가 뛰어올라 득점에 성공했다.

1893년부터 이어진 227번째 지역 대결에서 리버풀은 9위 에버턴에 승점 11점 앞서며 리그 3위를 달리고 있었다. 하지만 옛 속담처럼 이런 경기에서 순위는 아무것도 아니다.

리버풀 서포터들이 글라디스 스트리트 엔드[에버턴의 응원석과 서포터스를 이르는 말] 앞에서 승리를 축하할 수 있었던 것은 5년 전의 일이었다. 전임인 브랜든 로저스 감독은 네 번의 시도에서 모두 실패했다. 그리고 불과 1년 전, 해당 경기의 여파로 경질되었다.

클롭은 그 경기를 텔레비전으로 봤다. 그의 인생을 바꿀 감독 제안 전화를 받기 며칠 전이었다. 영화 「로키」 시리즈의 자칭 팬인 그는 사실 「로키」의 스핀오프인 「크리드」를 보며 에버턴과의 경기를 준비했다고 밝혔다. 「크리드」의 클라이맥스 장면을 찍은 곳이 바로 이곳, 구디슨 파크였으며 이 경기로 클롭 역시 감독으로 인정받는 큰 계기를 맞이했다.

두 클럽의 근접성을 고려할 때, 그가 독일에서 경험했던 것과는 다른 독특한 빌드업이었다. 그는 이렇게 말했다. "나도 이제 리버풀의 일원이 되었기 때문에, 이 경기의 중요성을 받아들이기가 정말 쉬웠습니다. 리버풀이라는 도시가 빅 클럽 두 개와 함께 살아가는 방식이 마음에 들었고, 처음으로 구디슨 파크에 오게 되어 정말 떨립니다."

양 팀은 0-0으로 팽팽하게 맞섰다. 후반 추가시간에 교체 투입된 대니얼 스터리지가 박스 밖에서 낮은 슈팅으로 기회를 노렸지만 골키퍼의 선방에 막혔다. 공이 골키퍼를 맞고 튀

"리버풀 이적에 대해 처음 이야기를 나눴던 첫날부터 우리는 정말 좋은 관계를 유지했고, 감독님은 제가 지금의 선수가 될 수 있도록 많은 도움을 주셨습니다. 우리는 함께 좋은 시간을 많이 보냈고 그 과정에서 세계 최고가 될 수 있었습니다. 우리의 여정에서 에버턴과의 경기는 정말 중요했습니다. 전반전은 사실 썩 좋지 못했습니다. 하프타임에 감독님은 선수들을 모아놓고 이렇게 말씀하셨죠. 단순하게 생각하고 인내심을 가지라고요. 감독님의 말씀을 듣고 나니 골이 터질 거라는 자신감이 생겼어요. 그 결승골은 팬들에게 큰 의미가 있었고 저는 이 순간을 비롯해 많은 순간을 즐길 수 있게 해준 감독님께 감사하고 있습니다. 감독님은 대단하고 훌륭한 분입니다. 리버풀의 성공을 위해 전적으로 헌신하셨죠. 그게 바로 감독님이 특별한 이유입니다."

—사디오 마네 | 전 리버풀 FC 공격수(2016-2022) |

"제게 이렇게 멋진 클럽에서 뛸 기회를 주신 감독님이니 당연히 제 커리어에 가장 큰 영향을 미친 감독님이죠. 새로운 나라로 이주한 것은 쉽지 않은 일이었지만 그의 전반적인 인생관과 축구관에서 많은 것을 배웠습니다. 챔피언스리그 진출은 리버풀의 발전을 위해 중요했고, 출전권을 확보하는 것은 리버풀에서의 첫 시즌을 멋지게 마무리할 수 있는 좋은 방법이었습니다. 그는 클럽을 다시 최고 수준으로 끌어올리겠다고 결심하고 우리가 나아갈 방향을 보여주었습니다. 많은 시간을 함께 보내면서 그는 저를 더 나은 선수로 만들어주었습니다. 리버풀에서 다른 감독 밑에서 뛰는 것은 상상하기 어렵습니다. 리버풀 유니폼은 항상 자부심을 불어넣어주는데, 위르겐 클롭 감독님은 그 자부심에 많은 영향을 미쳤습니다."

–요엘 마티프 | 리버풀 FC 수비수(2016-현재) |

어나왔다. 그때 사디오 마네가 가장 빠르게 반응해 골라인 안으로 공을 밀어 넣으며 짜릿한 승리를 거뒀다.

클롭은 경기 직후 이렇게 말했다. "대단하고, 치열하고, 더비다운 경기였습니다. 물론 세계최고의 축구는 아니지만 이런 경기의 강렬함과 중요성을 무시할 수는 없습니다. 있는 그대로 받아들이는 수밖에 없습니다. 후반전에는 있는 그대로 받아들여야 했습니다."

클롭은 리버풀 감독으로서 또 하나의 중요한 시험을 통과했고, 서포터들이 가장 간절히 원하는 크리스마스 선물을 선사했다. 그는 진정한 스카우서가 되기 위한 길을 착실히 따라가고 있었다.

다시 성공 시대로

리버풀 VS 미들즈브러 | 프리미어리그, 2017년 5월 21일 |

'1등은 1등이고 2등은 아무것도 아니다'라는 시대는 이미 오래전에 지나갔다. 프리미어리그 2016-17 시즌의 마지막 주말에 접어들면서 리버풀이 목표로 삼은 것은 3위 또는 4위를 차지하여 유럽 엘리트 대회라는 약속의 땅으로 돌아가는 것이었다.

이는 위르겐 클롭이 클럽을 맡은 이후 최우선 과제였으며, 그의 미래 계획을 위해 필수적인 일이었다. 안필드에서 챔피언스리그 경기를 마지막으로 개최한 지 3년이 지났고, 재건 프로젝트의 다음 단계가 달려 있었기 때문이다.

"리버풀은 꾸준히 그 자리에 있어야 합니다." 클롭은 말했다. "우리는 이를 위해 모든 것을 시도해야 합니다. 챔피언스리그는 유럽 최고의 대회입니다. 이보다 더 좋은 대회는 없으며, 여러분은 그곳에 가고 싶을 겁니다. 우리는 정말 강해져서 그 목표를 위해 싸울 겁니다."

클럽의 첫 시즌은 모두 리그에 관한 것이었다. 우승 도전은 너무 큰 기대였을지 모르지

만, 클롭의 팀은 11월에 한동안 1위를 차지했고 꾸준히 상위 톱4에 근접했다.

챌시가 우승을 확정 지은 상황에서, 4위 리버풀은 남은 두 개의 챔피언스리그 자리를 놓고 막판까지 치열한 경쟁을 펼쳤다. 마지막 경기 결과에 따라 3위 맨체스터시티를 추월하는 것도 가능했지만, 승점 1점밖에 차이가 안 나는 5위 아스널 역시 위협적인 존재였다.

이미 강등이 확정된 미들즈브러를 상대로 리버풀은 반드시 승리를 거둬야만 하는 상황이었다. 전반전 내내 긴장감이 팽배했고 하프타임이 다가오자 리버풀 선수들은 돌파구를 마련하기 위해 고군분투했다. 북런던에서는 아스널이 이기고 있었다.

"챔피언스리그? 웃기고 있네." 안필드에 모인 상대 팀 원정 팬들이 외쳤지만, 전반전 추가 시간에 조르지니오 베이날둠이 득점하면서 조롱은 잠잠해졌다. 후반전에는 6분 만에 필리

왼쪽 위
승리가 꼭 필요했던 날, 안필드 메인스탠드 앞에 선 클롭.

오른쪽 위
미들즈브러를 상대로 3-0으로 승리한 경기에서 필리페 쿠티뉴가 상대 수비수를 돌파하고 있다.

리그 4위가 확정되자
선수들이 애덤 럴라
나의 골을 축하하고
있다.

페 쿠티뉴가 프리킥으로 두 번째 골을 넣었고, 애덤 럴라나가 또 한 골을 넣었다. 터치라인
에서 클롭은 이를 악물고 가슴을 치며 기뻐했다. "정말 기쁩니다." 경기 종료 후 그는 말했
다. "정말 멋진 날입니다."

맨체스터시티가 승리하면서 리버풀은 4위에 만족해야 했다. 챔피언스리그 복귀가 완전
히 보장되려면 플레이오프 2연전을 치러야 했지만, 감독은 이에 대해 크게 개의치 않았다.

이것이 시즌 초반에 그가 달성하고자 한 목표였고 그의 프로젝트는 순조롭게 진행되었
다. 여름에 영입한 베이날뒴, 마네, 마티프가 모두 제 몫을 해냈기 때문에 이제 새로운 도전
에 대비해 다시 전력을 강화할 수 있게 되었다. 클롭은 이렇게 덧붙였다. "다음 시즌이 정말
기대됩니다. 우리가 훌륭한 기반을 마련했다고 생각합니다."

예전 안필드 감독[로이 에번스]이 말했듯이, '리버풀 없는 유럽 축구는 와인 없는 연회'와 같
다. 위르겐 클롭의 리버풀에 진정한 축제가 기다리고 있었다.

이집트의 왕

모하메드 살라 영입 | 2017년 6월 22일 |

언뜻 보기에 모하메드 살라는 2017년 여름 리버풀의 이적 타깃이 될 가능성이 희박해 보였다. 리버풀이 살라에게 관심을 보이고 있다는 소식이 처음 전해졌을 때 많은 사람이 의아해했다.

하지만 위르겐 클롭은 오랫동안 살라의 팬이었다. 보루시아 도르트문트에 있을 때 그를 영입하려고 시도한 적이 있었으며, 그 이후에도 이 이집트 출신 공격수는 클롭의 레이더망에 계속 머물러 있었다. 클롭은 이렇게 회상했다. "바젤과 상대할 때 살라가 그 팀에서 뛰고 있었습니다. 당시엔 살라를 몰랐어요. 그냥 '대체 저 자식이 누구야?' 하고 경악했죠. 제가 '저 선수를 영입합시다'라고 말했을 때, 그는 이미 첼시로의 이적을 확정한 후였습니다." 2014년의 일이었다.

리버풀이 살라 영입에 관심을 보이자, 스탬퍼드 브리지에서의 출전 시간이 너무 짧다는 이유로 평론가들은 살라를 영입하는 것이 현명한지에 대한 의문을 제기했다. 하지만 클롭은 이런 비판에 흔들리지 않았다. "그는 첼시에서 너무 이른 나이에 고생했어요. 우리는 모두 외부의 도움이 필요합니다. 강하고 까다로운 타국 리그에서 뛰는 어린 선수에겐 그게 더더욱 절실하죠."

조제 모리뉴 감독이 잉글랜드로 데려온 살라는 첼시에서 19경기에 출전해 단 2골을 넣는 등 영향력이 미미했다. 그중 하나는 안필드에서 열린 경기로, 결국 리버풀 때문에 2013-14 프리미어리그 타이틀[맨체스터시티 우승]을 빼앗긴 악명 높은 경기였다. 살라를 제대로 활용하지 못한 것에 실망한 모리뉴는 그를 이탈리아로 임대했다. 처음에는 피오렌티나로, 그다음에는 AS 로마로 자리를 옮겼고, 결국 2016년 완전 이적이 완료되었다.

AS 로마에서 뛰면서 살라는 리버풀 스카우터의 관심을 끌기 시작했다. 스카우터들은 미드필드, 윙, 최전방을 가리지 않고 다재다능한 살라에게 매료되었다. 그는 빠른 스피드와 그에 걸맞은 기술을 갖추고 있었으며, 골을 만드는 선수이자 골을 넣는 선수였다. 이런 특성은 클롭의 빠른 역습 스타일과 잘 맞았다. 2016-17 시즌 AS 로마에서 활약한 후 그에 대한 스카우트 보고서는 '완전체'라는 카테고리로 정리되었다.

그런데 클롭은 사실 살라가 리버풀에 적합한 선수인지 100퍼센트 확신하지 못했다. 그는 클럽의 스카우트 부서가 자신을 설득했다고 밝혔다. "모하메드를 중심으로 환상적인 분석을 했더군요. 살라 이야기가 멈추질 않았죠. '100퍼센트 준비되어 있다. 즉전감이다' 이런 식으로요."

클럽은 살라가 프리미어리그 생활을 감당할 수 있는 체력과 정신력을 갖췄는지에 초점을 맞췄다. "스피드는 분명하지만, 다른 부분들도 살펴보기 위해 많은 경기를 지켜봐야 했습니다. 특히 도전을 이겨낼 수 있는 강인한 신체 능력을 봤죠. 텔레비전으로만 보면 꽤 마른 체격으로 보이거든요." 하지만 살라를 직접 만난 후 클럽은 스카우트들의 말을 이해하게 되었고 바로 마음을 정했다. "그는 모든 준비가 된 것으로 보였습니다."

계약금 규모가 큰 화두였지만 결국 협상이 마무리되었다. 살라가 구단 최초의 대형 오프시즌 계약이라는 기록적인 서류에 사인하기 위해 펜을 든 순간, 클럽은 기뻐했다.

"우리는 우리가 무엇을 얻는지 알고 있습니다. 그는 이탈리아에서 뛰어난 기록을 세웠고 우리 팀과 선수단을 강화할 수 있는 자질을 갖추고 있습니다. 그는 우리에게 정말 흥미로

리버풀 이적 계약서에 사인하고 있는 모하메드 살라.

운 영입입니다. 그를 이곳으로 오도록 설득할 수 있어서 정말 기쁩니다."

"살라는 경험과 잠재력이 완벽하게 조화를 이룬 선수입니다. 그는 프리미어리그를 잘 알고 있고 챔피언스리그에서도 활약했으며 조국에서 중요한 선수 중 한 명입니다. 저는 그가 바젤에서 데뷔할 때부터 지켜봤는데, 그는 정말 훌륭한 선수로 성장했습니다. 그의 놀라운 페이스가 우리의 공격력을 한층 끌어올릴 거라고 확신합니다. 리버풀은 더욱 경쟁력 있는 팀이 될 겁니다."

"하지만 보다 중요한 것은, 그가 더 나은 선수가 되고 더 발전하고자 하는 열망과 의지를 갖고 있다는 점입니다. 그는 우리가 리버풀에서 이루고자 하는 목표를 믿고 있으며 그 일원이 되고자 하는 열망이 매우 큽니다. 그는 최고 수준에서 승리하고 우승하고 싶어 하는 야심 찬 선수이며, 리버풀에서 그 야망을 이룰 수 있다는 것을 알고 있습니다."

살라는 클럽의 공식 웹사이트를 통해 다음과 같이 소감을 밝혔다. "리버풀에 오게 돼서 정말 기쁩니다. 정말 행복합니다. 클럽을 위해 100퍼센트를 다하고 모든 것을 바치겠습니다. 이 클럽을 위해 무언가를 이루고 싶습니다. 우리 팀은 훌륭한 팀이고 훌륭한 선수들을

"감독님과 저는 클럽의 우승이라는 같은 목표를 공유했고, 물론 그것이 제가 리버풀 이적을 확정하는 데 영향을 미쳤습니다. 감독님은 자신의 계획을 이야기하며 리버풀이 제게 딱 맞는 팀이라는 확신을 심어주었습니다. 제가 합류한 이후로 우리는 항상 좋은 관계를 유지해왔습니다. 우리는 서로를 잘 알게 되었고, 서로를 인정하고 존중했습니다. 또한 승리를 위해 할 수 있는 모든 것을 다 했습니다. 당장 성공을 거두지는 못했지만, 함께 노력해서 이룬 것들이 정말 자랑스럽습니다. 감독님은 리버풀 FC를 통째로 발전시켰습니다. 모두가 이 위대한 감독을 사랑했습니다. 그의 밑에서 뛰는 것은 정말 대단한 일이었습니다."

–모하메드 살라 | 리버풀 FC 윙어(2017-현재) |

갖고 있습니다. 감독님이 모든 것을 쏟아붓는다는 건 누구나 아는 사실이죠. 우리 모두 함께 클럽과 서포터스, 그리고 우리를 위해 모든 것을 쏟아부어 우승할 수 있기를 바랍니다."

클럽은 살라에게 몇 골을 넣기를 기대하는지 목표치를 제시하지는 않았다. 살라가 향후 7년간 얼마나 많은 골을 넣을지는 아무도 예측할 수 없었다.

공식적으로 리버풀 선수가 된 지 2주 만에 위건 애슬레틱과의 친선 원정 경기에서 첫 골을 터뜨린 살라는 프리시즌 동안 3골을 더 기록했다. 프리미어리그 2017-18 시즌 개막일, 살라는 비커리지 로드[왓퍼드 FC의 홈구장]에서 열린 왓퍼드와의 경기[3-3 무승부]에서 세 번째 골을 넣으며 공식 데뷔를 자축했다. 그 순간부터 그는 뒤를 돌아보지 않았다. 그 어떤 득점 기록도 안전하지 않았다.

원하는 만큼 차분하게

버질 판데이크 영입 | 2018년 1월 1일 |

기다리는 자에게 최고의 행운이 찾아오는 법이다. 위르겐 클롭은 자신과 클럽의 중요한 계약 중 하나가 될 이 계약을 성사시키기 위해 그야말로 성자의 인내심을 발휘해야 했다.

모하메드 살라의 영입으로 공격력을 강화한 클럽은 이제 수비를 강화하는 것 역시 중요함을 잘 알고 있었다. 데얀 로브렌과 요엘 마티프는 센터백 콤비로서 가능성을 보였고, 지난 시즌 함께 출전한 18경기 중 단 1경기에서만 패배를 기록했다. 하지만 리버풀은 여전히 순위표에서 위에 있는 세 팀보다 더 많은 실점을 했다. 헐시티에서 풀백 앤디 로버트슨을 영입한 후에도, 진정한 리더십을 갖춘 새로운 센터하프가 향후 계획에서 매우 중요했다. 사우샘프턴의 주장, 버질 판데이크가 그의 제1의 목표였다.

"그 당시 그는 잉글랜드에서 가장 촉망받는 센터하프였습니다." 클롭은 이렇게 회상했다. "부상을 당하기 전까지 사우샘프턴에서 뛰었던 2년 동안은 정말 대단한 선수였습니다. 그전에 셀틱에서 뛰는 걸 봤을 때는 세계적인 수준의 선수가 아니었죠. 아주 훌륭한 중앙 미드필더라는 것을 확인했지만 당시에는 필요성을 느끼지 못했습니다. 그러다가 우리가 그를 필요로 하는 순간, 그가 우리와 함께 다음 단계로 나아갈 수 있다는 것이 분명해졌죠."

맨체스터시티와 첼시도 관심을 보였고 세인츠[사우샘프턴 FC의 별칭]도 매각을 꺼렸기 때문에 계약은 절대 쉽지 않았지만, 역사상 가장 오래 끈 이적 스토리 중 하나로 기록되었다.

2017년 4월부터 판데이크에게 관심을 보이기 시작한 리버풀은 여름 이적 기간에 그를 영입하기를 원했다. 리버풀의 수비에 심각한 취약점이 있었고, 판데이크가 안필드에서 영광스러운 새 시대를 열 카드가 될 수 있다고 클럽이 확신했기 때문이다. 하지만 사우샘프턴이 판데이크는 팔 수 없다는 태도를 고수한 탓에 이적 논의는 결과 없이 끝났다. 여러 대안이 논의되었으나, 클럽은 네덜란드 출신의 대형 선수만이 자신이 원하는 유일한 선수라고 단호하게 말했다. "그보다 나은 선수는 없다"는 것이 그의 확고한 입장이었다.

그는 기다리기로 결심했는데, 이는 팬들 사이에서 우려를 불러일으킬 만큼 큰 도박이었다. 어떤 사람들은 그가 버티는 것이 옳다고 믿었고, 또 어떤 사람들은 그의 결정이 그 시즌 팀의 성공 가능성에 악영향을 미칠 수 있다고 우려했다.

"클럽에 입단할 때 가장 중요하게 보는 것이 감독인데, 위르겐 클롭은 제가 리버풀을 선택한 주된 이유 중 하나였습니다. 처음 이야기를 나눈 순간부터 그는 제게 리버풀을 어필했습니다. 저는 앉아서 이야기를 들으며 '나한테 딱 맞는 것 같다'고 생각했죠. 감독님은 분명 특별한 무언가를 가지고 있는데, 제가 생각하기에 다른 사람들보다 더 특별한 것은 그의 사람 관리입니다. 요즘 축구에서는 그게 정말 중요합니다. 그는 팀에 자신감을 불어넣고 선수들을 밀어붙이는 한편, 개인적으로는 선수들에게 멋진 영감을 줍니다. 저는 첫 경기에서 바로 느꼈습니다. 원래 출전할 예정이 아니었는데 그가 마음을 바꿨고, 제게는 잊을 수 없는 밤이었기 때문에 정말 기뻤습니다. 특별한 무언가의 시작이었죠."

−버질 판데이크 | 리버풀 FC 수비수(2018-현재) |

2017-18 시즌 전반기에는 뒤로 갈수록 더 많은 실점을 허용했다. 한 경기에서 3골 이상 실점한 경우가 5번이나 있었다. 판데이크 영입에 대한 클럽의 의지는 더욱 확고해졌다. 그는 판데이크와 함께라면 리버풀이 중요한 다음 단계로 나아갈 수 있다고 굳게 믿었다.

클럽은 포기하지 않았고 결국 크리스마스와 새해 사이에 마침내 계약이 성사되었다. 또한 번 클럽 최고의 이적료가 필요했지만, 클럽은 기뻐하며 마침내 자기 사람을 얻었다.

"여름에 원했지만 영입에 실패했고, 겨울에 다시 시도한 끝에 성공했습니다. 매우 중요한 사건이었고 우리에게 많은 변화를 가져다주었습니다. 버질이 결정을 내린 날은 정말 환상적인 날이었어요. 우리 역사에 큰 획을 긋는 날이었죠."

판데이크는 빌 샹클리의 첫 번째 위대한 팀을 성공으로 이끈 전 리버풀 주장 론 예이츠에 비견되는 현대의 거물이었다. 클럽은 1962년 샹클리 감독이 예이츠에게 했던 것처럼 기자들을 초대해 판데이크를 '둘러보게' 하지는 않았지만, 판데이크 영입의 임팩트는 비슷한 의미를 지니고 있었다.

등번호 4번을 넘겨받은 판데이크는 전설적인 발자취를 따라 그 유명한 빨간색 셔츠를 입고 싶었다. "클럽의 역사, 감독, 서포터스 등 모든 것이 완벽하고 제게 완벽하게 어울리며, 제가 오기에 적절한 시기라고 생각했습니다."

불과 나흘 후, 안필드에서 열린 머지사이드 더비의 열광적인 분위기 속에서 리버풀의 새로운 센터하프가 곧바로 투입되었다. 추운 금요일 밤에 열린 FA컵 3라운드 경기였는데, 클럽은 그를 출전시킬지 말지 고민했다. "즉흥적인 결정이었어요. 아침에는 사실 그가 뛰지 못할 거라고 생각했거든요. 그가 뛰지 않기를 바랐던 것은 아니지만 문제는 에버턴과의 경기라는 거였죠. 뭔가 잘못된 방향으로 흘러간다면 좋은 출발이 아니기 때문에 우리는 그가 좋은 출발을 하길 원했습니다. 하지만 그가 준비되었다고 생각했기 때문에 출전시켰고 이는 탁월한 결정이었습니다."

치열한 접전 끝에 판데이크가 승리를 선사했다. 그는 데뷔전부터 품격과 침착함을 뽐내며 공중볼 다툼에서 상대를 편안하게 제압하고 지능적으로 볼을 다뤘다. 제임스 밀너가 전반전에 페널티킥으로 선제골을 터뜨렸다. 에버턴은 하프타임 후 동점을 만들었다. 그리고 후반전 종료 6분 전, 왼쪽 코너킥 상황에서 리버풀의 새로운 센터백이 에버턴의 푸른색 저지 위로 위풍당당하게 솟구쳐 올라 헤더로 골망을 갈랐다.

이보다 더 멋진 각본은 없을 것이다. 안필드는 폭발했고 서포터들은 순식간에 새로운 영

웅을 맞이했다. "기대는 부담으로 이어질 수 있습니다. 하지만 그는 압박감을 견뎌낼 수 있었습니다. 이 세상에는 더 이상 이런 동화가 많지 않죠." 클롭은 이렇게 찬사를 보냈다.

단 한 경기 만에, 판데이크와 계약하기까지의 오랜 기다림과 기록적인 지출은 그만한 가치가 있는 것처럼 보였다. 판데이크는 위르겐 클롭의 리버풀에서 새로운 수비의 핵으로 떠올랐다. 얼마 지나지 않아 모두가 그를 칭송하기 시작했다.

버질 판데이크의 리버풀 커리어는 안필드에서 에버턴을 상대로 승리하며 완벽한 출발을 보였다.

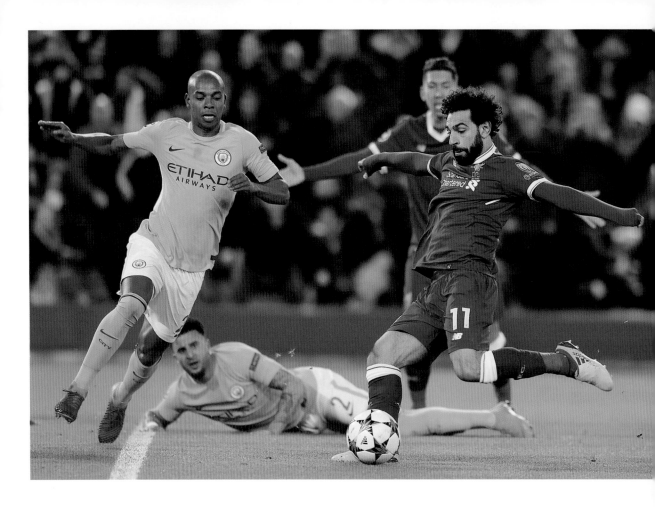

두 도시 이야기

리버풀 VS 맨체스터시티 | 챔피언스리그 8강전 1차전, 2018년 4월 4일 |

현재 영국 축구에서 최대 라이벌 중 하나로 꼽히는 두 팀의 관계는 2018년 4월 안필드에서 있었던 잊을 수 없는 유럽 대항전의 밤으로 거슬러 올라간다.

이 시점까지만 해도 리버풀과 맨체스터시티는 지리적으로 가깝지만 상당히 평화롭게 공존해왔다. 영국을 가로지르는 M62 고속도로를 따라 흐르는 적대감은 맨체스터 유나이티드를 향해 있었다. 리버풀을 향한 맨체스터 유나이티드의 적대감도 마찬가지였다. 영국에서 가장 성공적인 두 클럽의 지위를 고려하면 이해할 수 있는 일이다.

하지만 이제는 맨체스터시티가 새로운 라이벌로 떠오르고 있었다. 두 시즌 전 리버풀을 승부차기에서 꺾고 리그컵에 진출한 펩 과르디올라 감독은 프리미어리그 우승을 이끌게

될 터였다.

　클롭과 과르디올라는 낯선 사이가 아니었다. 그들은 독일에서도 도르트문트와 뮌헨 소속으로 라이벌 관계를 유지한 바 있었다. 둘 다 축구계에서 가장 뛰어난 감독으로 꼽혔고, 클롭은 라이벌을 칭찬하지 않을 수 없었다. "저는 그를 진심으로 존경합니다. 그는 진정 세계 최고의 감독이라고 생각합니다."

　맨체스터시티는 챔피언스리그 첫 우승에 대한 진지한 희망을 품고 있었다. 클롭은 바로 이런 유형의 도전을 좋아했다. "그들의 플레이는 최고 수준이지만 우리는 기회가 있다는 것을 알고 있습니다. 제게 필요한 것은 그것뿐입니다."

　맨체스터시티는 깜짝 놀랐다. 귀를 찢을 듯한 굉음과 걷잡을 수 없는 붉은색 물결은 첫 순간부터 충격에 휩싸인 방문객들을 집어삼켰다.

　리버풀은 전반전 초반부터 맨체스터시티를 몰아붙였다. 클롭의 압박 전술로 맨체스터시

왼쪽 위

모하메드 살라가 안필드에서 열린 기억에 남을 유럽의 밤에서 맨체스터시티를 상대로 득점포를 가동했다.

오른쪽 위

알렉스 옥슬레이드-체임벌린이 리버풀의 3-0 승리를 이끌며 리버풀의 우위를 배가시켰다.

의심하는 자들을 믿음을 가진 자들로 　|　97

"카리스마와 에너지, 클럽에 영감을 불어넣을 수 있는 능력을 갖춘 매우 특별한 인물입니다. 그는 클럽 전체를 하나로 묶는 방식으로 클럽을 완전히 변화시켰습니다. 첫날부터 느낄 수 있었습니다. 자신감 넘치는 표정, 사용하는 단어, 사람들과 바로 연결되는 방식, 팬 및 선수들과의 관계에서 말이죠. 그는 그 여정을 위해 만들어졌습니다. 전술적인 측면에서 볼 때 많은 골칫거리는 압박을 어떻게 돌파할 것인가와 관련된 것이었습니다. 그들은 상대방 진영 깊숙이 들어가 빠르게 압박하는 데 매우 효과적인 팀이었고, 그렇게 되면 무슨 일이 일어날지 알 수 있었죠. 열린 공간에서 매우 빠른 세 명의 수비수를 상대로 뒷공간을 파고들었습니다. 그는 프리미어리그에 매우 다른 무언가를 가져왔습니다. 잉글랜드 축구에 기념비적인 영향을 끼쳤죠."

—미켈 아르테타 | 전 맨체스터시티 FC 수석코치(2016-2019),

현 아스널 FC 감독(2019-현재) |

티는 안정을 취할 겨를이 없었고, 어느새 챔피언스리그에 대한 열망은 증발해버리고 말았다. 클럽은 이렇게 설명했다. "맨체스터시티를 이기고 싶다면 다른 대안이 없습니다. 박스 깊숙이 앉아 아무 일도 일어나지 않기를 바랄 수도 있지만 우리는 리버풀이기 때문에 이런 식으로 이겨야 합니다."

모하메드 살라가 클럽에서의 첫 시즌에 38번째 골을 터뜨리며 첫 타격을 가했다. 여름에 영입된 동료 알렉스 옥슬레이드-체임벌린이 재빨리 추가골을 넣었고, 사디오 마네가 30분이 지나자마자 3-0을 만들었다.

더 이상의 득점은 없었지만 전세는 이미 기울어진 후였다. 이렇게 큰 승리를 거둘 거라고는 상상도 하지 못했던 리버풀 서포터들은 승리의 기쁨을 만끽하며 스카프를 휘날리고 축

챔피언스리그 8강전 1차전이 끝난 후 팬들에게 박수를 보내는 클럽과 주장 조던 핸더슨.

하의 함성을 보냈다. 경기가 끝난 후 클롭은 이렇게 말했다. "우리는 세계 최고의 팀을 이겼습니다."

얼마 후 맨체스터시티가 프리미어리그 우승을 확정지었다. 챔피언 자리에 오른 맨체스터시티는 확고하게 자리를 잡았고, 클롭이 지휘하는 안필드에 무언가 엄청난 일이 벌어지고 있다는 불길한 경고가 내려졌다.

붉은 군대가 다시 깨어났지만, 과르디올라 감독과 맨체스터시티는 이 패배를 거울삼아 향후 몇 시즌 동안 리버풀의 성공을 향한 여정에 큰 걸림돌로 작용할 터였다. 새로운 라이벌 구도가 형성된 것이다.

잘 가요, AS 로마

리버풀 VS AS 로마 | 챔피언스리그 준결승 2차전, 2018년 5월 2일 |

1977년과 1984년 유러피언컵 우승 장소인 로마는 리버퍼들리언들에게 이보다 좋은 곳은 없다. 이탈리아의 수도는 언제나 그들의 마음속에 특별한 자리를 차지할 것이다. 리버풀의 전설적인 감독들이 연이어 이곳에서 승리를 거두었다. 밥 페이즐리, 조 페이건, 제라르 울리에까지. 그렇기에 로마인들처럼 스카우서들도 로마가 영원의 도시라고 믿는다. 2018년 봄, 위르겐 클롭의 이름도 이 빛나는 명단에 합류할 예정이었다.

로마를 '끝이 없는 제국'이라고 묘사한 시인이 바로 베르길리우스[버질]이고, 리버풀 최고의 수비수[버질 판데이크]와 동명이인이니 어쩌면 그때부터 운명이었을지도 모른다. 로마인들은 제국이 멸망하더라도 도시는 영원히 지속될 것이라고 믿었다. 리버풀 서포터들도 클럽에 대해 비슷한 믿음을 가졌고, 위르겐 클롭은 그들의 새로운 황제였다.

이전에도 여러 번 그랬던 것처럼 리버풀은 다시 한번 유럽을 대표하는 팀으로 자리매김했다. 2014년 이후 처음으로 챔피언스리그에 복귀한 리버풀의 4강 진출은 예상치 못한 만큼이나 짜릿했다.

새로 영입한 버질 판데이크가 가져다준 수비 안정성에 힘입어 리버풀은 후반기 동안 경기력이 눈에 띄게 향상되었다. 국내에서는 여전히 프리미어리그 선두 맨체스터시티에 도전하기에 역부족이었지만, 유럽에서 가장 주목받는 대회에서 첫 두 번의 토너먼트 라운드를 통과하는 저력을 보였다.

클럽의 변화는 놀라웠다. 그는 2년여 만에 평범함에 안주하던 팀을 11년 동안 이루지 못했던 결승전 직전까지 이끌었고, 다시 한번 리버풀의 깃발이 높이 휘날리고 있었다.

그뿐만 아니라 그는 리버풀에 대한 사람들의 시각을 바꿔놓았다. 준결승에 진출한 리버풀은 대륙의 강호들과 어깨를 나란히 하기에 충분한 자격을 인정받고 있었다. 노래가 말해주듯 유럽의 강호 리버풀은 다시 제자리로 돌아왔다.

이 엄청난 승부가 펼쳐지기까지 두 가지 흥미로운 뒷이야기가 있었다. 첫째, 준결승 상대인 AS 로마의 팬들은 1984년 리버풀에게 홈에서 패배하며 사상 첫 유럽 우승이 좌절된 아픔을 잊지 못하고 있었다. 그날 밤 승부차기에서 앨런 케네디가 성공시킨 페널티킥은 AS 로

"리버풀을 챔피언스리그로 돌려놓은 것은 큰 성과였지만 감독님은 단지 대회에 참가하는 것만으로 만족하지 않았습니다. 우리는 우승을 목표로 경기에 임했고, 첫 도전에서 결승에 진출하는 쾌거를 이루었습니다. 그는 점차 클럽을 반전시키고 있었으며 우리는 로마에 갈 자신이 있었습니다. 위르겐은 모두에게 2차전을 무승부인 것처럼 접근해야 한다고 말했습니다. 우리가 결국 져서 기분이 좋지는 않았지만, 우리가 또 다른 결승전에 진출했다는 사실은 만족스러운 신호이자 우리 팀이 발전하고 있다는 증표였습니다. 위르겐은 안필드에 성공을 되찾아오기 위해 단 1초도 쉬지 않은 타고난 리더입니다."

―페터 크라비츠 | 전 리버풀 FC 수석코치(2015-2024) |

마의 역사에 지울 수 없는 오점을 남겼다. 30년이 넘는 시간이 흘렀지만, 그들은 언젠가 그 패배를 복수할 날에 대해 여전히 이야기하고 있었다.

또 하나의 뒷이야기는 바로 모하메드 살라가 1년 만에 로마에서 전 소속팀과 재회한 것이었다.

안필드에서 열린 1차전에서 살라는 2골을 넣고 어시스트 2개를 기록하며 맹활약했고, 덕분에 리버풀은 로마를 완파했다. 68분 만에 5-0을 만들었기 때문에 기록적인 스코어가 나올 가능성이 매우 높아 보였다. 리버풀 서포터들은 설레발을 떨며 결승전 장소인 키이우로 가는 저렴한 항공편을 검색하고 있었다.

하지만 AS 로마가 마지막 9분 동안 두 골을 만회하고 세 번째 골을 넣을 뻔했을 때 상황이 반전되었다. AS 로마가 바르셀로나와의 8강전 2차전에서 비슷한 열세를 딛고 반격에 나섰다는 사실도 조심스러운 분위기를 더했다.

일주일 후 로마에서 열리는 2차전을 앞두고 클럽은 조용히 자신감을 드러냈다. "안필드

AS 로마의 골키퍼 알리송 베케르가 미래의 팀 동료 모하메드 살라를 상대로 공을 막아내고 있다.

에서 우리는 매우 긍정적이었고 몇몇 사람들은 우리가 질 거라고 생각했지만 이겼습니다. 우리는 상상했던 것보다 훨씬 더 나은 상황에 있습니다. 훨씬 낫죠."

팀이 어떤 자세로 경기에 임할 계획인지 묻는 질문에 클롭은 이렇게 답했다. "완벽한 계획 이라는 건 없습니다. 정말 이기고 싶다면 질 수도 있다는 걸 먼저 받아들여야 합니다. 용감 하게 부딪쳐야죠. 우리가 이기고 싶은 만큼 상대도 우리를 이기고 싶어 합니다. 따라서 그 런 상대의 마음을 이용해 더 용감하게 부딪치고 위험을 감수해야 합니다. 그런 마음을 이용 해야 합니다."

AS 로마의 홈구장 스타디오 올림피코는 위협적인 경기장이지만, 사디오 마네가 경기 시 작 9분 만에 리버풀의 선제골을 터뜨리자 경기 전의 의구심은 사라지는 듯했다. 뒤이어 제 임스 밀너의 자책골이 인정되었지만, 곧바로 베이날둠이 리드를 되찾았다.

그런데 경기는 아직 끝난 게 아니었다. AS 로마는 후반전 초반에 제코의 골로 점수 차를 줄인 뒤 종료 4분 전 역전에 성공했다. 아직 두 골이 모자란 AS 로마가 추가시간에 나잉골 란의 페널티킥으로 4-2[합계 스코어 6-7]를 만들자 원정 팬들의 신경이 곤두서기 시작했다.

상대적으로 편안했던 위치였다가 얻어맞은 리버풀은 필사적으로 버텼다. 경기 후 클롭 은 이렇게 말했다. "제가 생각했던 것보다 흥미진진한 경기였습니다. 우리 실력을 제대로 발 휘하지 못한 경기는 처음이었고, 추가시간이 더 있었다면 결과가 어떻게 바뀌었을지 확신 이 안 서네요."

다행히도 리버풀은 폭풍우를 잘 이겨냈고 가정은 무의미했다. 마지막 휘슬이 울리자, 경 기장의 선수들과 5천여 명의 열성적인 원정 서포터들 사이에서 환호성이 터져 나왔다.

나중에 클롭은 때때로 운이 팀에 유리하게 작용했다고 인정했지만, 결승까지 진출한 것에 안도하고 감격스러워했다. "우리에겐 운이 필요했고 우리가 필요했던 그 운을 약간 얻었습니다. 예선에서 시작해 결승까지 올라가다니 정말 기쁩니다."

이 특별한 순간을 즐기기로 결심한 클롭은 30분 후 라커룸에서 다시 등장해 팬들 앞에서 다시 한번 축하 세리머니를 펼쳤다. "이 사람들은 유럽 전역에서 우리를 따라왔습니다. 그들의 행복한 얼굴을 보는 것이 축구가 할 수 있는 최고의 일이죠."

리버풀은 전투에서는 패했지만 전쟁에서는 승리했다. 로마는 다시 한번 정복되었고, 위르겐 클롭의 붉은 군대는 다음 전쟁을 향해 진군했다.

한 번의 키스

리버풀 VS 레알 마드리드 | 챔피언스리그 결승전, 2018년 5월 26일 |

좋은 시절을 진정으로 감상하려면 먼저 나쁜 시절을 견뎌야 한다. 그렇긴 해도 우크라이나에서 영광스러운 밤을 보낼 수도 있었던 위르겐 클롭에게 리버풀 감독으로서 최저점을 경험한 것은 조금도 위로가 되지 않았을 것이다.

클롭이 리버풀을 의심하던 팬들을 완전히 신봉자로 만드는 데 성공한 시즌의 절정이었다. 10년 만에 챔피언스리그 결승에 진출한 리버풀은 모든 사람들에게 이 팀이 올바른 방향으로 나아가고 있으며 과거의 위대한 리버풀을 재현할 잠재력을 가지고 있다는 확신을 심어주었다.

모하메드 살라의 영입으로 리버풀은 유럽 대륙에서 가장 두려운 피니셔 중 한 명을 보유할 수 있었다. 살라의 리버풀 데뷔 시즌은 이보다 더 좋을 수 없었다. 첫 등장에서 득점을 기

2018년 레알 마드리드와의 챔피언스리그 결승전을 보기 위해 키이우를 찾은 리버풀 서포터스.

록한 후, 그는 계속해서 인상적인 속도로 골문을 두드리며 프리미어리그에서 32골을 기록했고 2014년 루이스 수아레스 이후 리버풀 선수로는 최초로 골든 부트를 수상하는 기록도 세웠다.

유럽 대회에서는 그가 기록한 11골이 리버풀의 결승 진출에 결정적인 역할을 했고 호베르투 피르미누, 사디오 마네와 함께 그가 이끄는 공격 3인방은 안필드에서 가장 흥미로운 것 중 하나로 빠르게 발전했다.

클럽이 최근 영입한 다른 선수 중 버질 판데이크는 후방에서 매끄럽게 자리 잡으며 부족했던 침착함을 가져다주었고, 앤디 로버트슨은 레프트백 자리를 차지했으며, 알렉스 옥슬레이드-체임벌린은 중요한 골을 넣으며 자신의 가치를 입증했다(하지만 불행히도 AS 로마와의 준결승 1차전에서 심각한 부상을 당했다).

우려되는 부분이 있다면 시몽 미뇰레의 자리를 대체한 골키퍼 로리스 카리우스의 부진이었다. 그래도 2년 연속으로 실점 부문은 개선되었다. 리버풀은 두 개의 국내 컵대회에서 모두 조기 탈락했지만, 프리미어리그에서 다시 인상적인 모습을 보였고, 마지막 날 브라이턴 & 호브 앨비언과의 홈 경기에서 4-0으로 승리하며 두 시즌 연속 4위를 달성했다.

클럽의 팀이 정말로 주목받은 것은 챔피언스리그에서였다. 조별 예선에서 FC 포르투, 맨체스터시티, AS 로마를 제치고 무사히 통과한 것은 클럽이 얼마나 훌륭한 일을 하고 있는지를 보여줬다.

그는 리버풀을 3년 만에 세 번째 컵대회 결승 진출로 이끌며 주목할 만한 성과를 거뒀다. 하지만 아직 가장 값진 결과물을 얻지는 못했다.

"이번 경기 이후에는 우승 트로피가 보이지 않습니다." 클럽은 2018년 챔피언스리그 결승전을 앞두고 이렇게 말했다. "멜우드 센터[리버풀의 훈련장]에 우승 메달은 걸려 있지 않습니다. 아직 해야 할 일이 남아 있죠." 키이우의 올림피스키 스타디움에서 다시 한번 확인되었듯이 성공으로 가는 마지막 단계가 가장 힘든 법이다.

연이은 유럽 챔피언인 레알 마드리드를 제외한 다른 팀들은 리버풀과의 단판 대결을 두려워했을 테지만, 챔피언스리그 3연패와 통산 13번째 우승을 노리는 스페인의 거인에게 유리한 승산이 쌓여 있었다.

그렇지만 클럽은 팀에 기회가 있다고 굳게 믿었고, 모두에게 그 이유를 알려주었다. "우리는 리버풀입니다." 믿음의 이유는 간단했다.

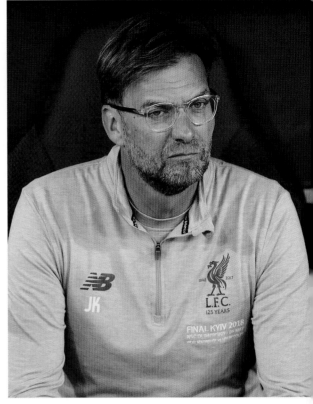

믿음으로 가득 찬 리버퍼들리언들은 드니프로강변에서 파티를 즐기며 새로운 추억을 만들 준비를 마쳤다. 수천 명의 원정 팬이 우크라이나의 수도까지 힘든 길을 떠나온 것이다. 그들은 붉은 깃발과 배너가 나무에 걸린 셰우첸코공원에서 춤을 추며 하루를 보내고 킥오프 전 경기장 안에서 가수 두아 리파와 함께 노래를 불렀다.

약체라는 꼬리표에도 불구하고 리버풀은 자신감을 갖고 강하게 출발했다. 그런데 전반 30분경 세르히오 라모스와의 경합으로 어깨를 다친 모하메드 살라가 눈물을 흘리며 경기장을 떠나야 하는 상황이 발생하면서 금세 무너졌다.

"경기의 중요한 순간"이라는 평가가, 최종 결과에 악영향을 미친 이 사고를 향한 클럽의 감상이었다. 논란의 여지가 있는 상황에서 스트라이커를 잃자, 리버풀의 초반 낙관론은 사라지기 시작했다. 골키퍼 로리스 카리우스의 실수로 벤제마에게 선제골을 허용하면서 상황은 더욱 악화되었다.

리버풀이 반격에 나섰지만 잠시뿐이었다. 4분 뒤 사디오 마네가 동점을 만들었다. 그러나 교체 투입된 가레스 베일이 멋진 오버헤드킥으로 다시 리드를 되찾았다. 이후 카리우스의

"키이우에서 챔피언스리그 결승전이 열리기 세 시간 전에 팀 미팅이 있었는데, 우리가 불안해하고 긴장하고 있다는 것을 감독님이 느낀 것 같아요. 감독님은 CR7(크리스티아누 호날두가 론칭한 속옷 브랜드) 팬티를 보여주는 것으로 회의를 시작했습니다. 아내가 속옷을 챙겨줘서 그런 거지 일부러 입고 온 건 아니라고 말했죠. 남은 속옷은 이것뿐이라면서요. 챔피언스리그 결승전을 앞두고 열린 회의였기 때문에 팀원들의 부담이 컸지만 감독님은 축구를 보는 시각을 바꿔놓았어요. 감독님의 유명한 전술인 '게겐프레싱'은 한 가지 디테일로만 작동하는 것이 아니라 전체 시스템으로 작동해요. 그는 그걸 정말 잘 설명해주었고 모두가 자신들이 해야 할 일을 이해했죠. 그는 복잡한 일을 단순하게 만드는 데 탁월한 분입니다. 그는 축구인이자 한 인간으로서 저를 변화시켰습니다."

—라그나르 클라반 | 전 리버풀 FC 수비수(2016-2018) |

또 다른 실수로 베일에게 두 번째 골을 허용하며 가슴 아픈 패배가 확정되었다. 붉은색 저지가 바닥에 떨어지고 많은 눈물이 흘렀다. 경기 후 기자회견에서 실의에 빠진 클롭은 이렇게 말했다. "오늘 밤은 우리에게 최고의 각본이 아니었습니다. 우리는 모든 것을 원했지만 아무것도 얻지 못했습니다."

긍정적인 시즌을 마무리하는 데 있어 매우 실망스러운 방식이었으며, 패배의 방식은 더욱 쓴 약을 삼키게 만들었다. 클롭의 컵대회 결승 저주가 다시 찾아온 것이다.

다음 날 아침이 되자 분위기가 서서히 살아나기 시작했다. 감독이 노래하는 영상이 입소문을 타면서 내년이 있다는 도전적인 메시지를 전했다….

"유러피언컵을 봤다네.

젠장, 마드리드는 운이 좋았다네.

내 장담하지, 언제나 침착하겠다고.

내 단언하지, 컵을 리버풀로 가져가겠다고."

절   대
포 기 하 지
않   는   다

────────

2018 – 2019

알레, 알레, 알레

프리시즌 투어 | 2018년 7월 |

챔피언스리그 결승전 패배에도 불구하고 2018년 여름 리버풀에는 여전히 좋은 기운이 감돌았다. 위르겐 클롭의 지휘 아래 부활한 리버풀은 자체 사운드트랙까지 만들어내며 사람들의 귀에 계속 맴돌았다.

「알레, 알레, 알레(Allez, Allez, Allez. 가자, 가자, 가자)」는 포르투에서 열린 챔피언스리그 16강전에 처음 등장했고, 마지막 키이우까지 유럽 전역에 울려 퍼지며 빠르게 인기를 끌었다. 1980년대 이탈리아 듀오 리게이라의 댄스곡을 바탕으로 리버퍼들리언 필 하워드와 리엄 말론이 가사를 다시 썼다. 이 노래는 클럽의 과거 유럽에서의 활약을 기념하는 노래이지만, 그 순간을 위한 노래이기도 했다.

이 시기에 리버풀을 응원하기 위해 대륙을 횡단하던 수천 명의 서포터 중에 24세의 전기 기술자이자 파트타임 음악가인 제이미 웹스터가 있었다. 그와 같은 생각을 가진 많은 사람에게 클럽은 새로운 구세주였고, 리버풀을 보며 최고의 삶을 살 수 있는 것은 클럽 덕분이었다.

웹스터는 경기 당일 안필드 주변의 펍에서 공연하며 지역 팬들 사이에서 유명해졌고, 특히 리버풀 도심에서 열리는 경기 후 뒤풀이 '보스 나이트'에 참가하는 사람들 사이에서 명성을 얻었다.

셰우첸코공원에서 열린 결승전 전 파티의 중심에도 클럽의 비공식 응원가를 부른 웹스터가 있었다. 널리 명성이 퍼지면서 그는 그해 여름 프리시즌 투어 중 구단의 초청을 받아 미국에 거주하는 서포터들을 위한 공연을 펼치기도 했다.

클럽은 오랫동안 리버풀을 둘러싼 독특한 팬 문화에 빠져 있었고, 그 중심에는 웹스터가 있었다. 그는 이 노래를 좋아하고 이 가수의 열렬한 팬임을 인정했다. "제이미가 노래하는 영상을 몇 번 본 적이 있습니다. 그를 알지는 못하지만 좋아합니다. 그가 노래 부르는 모습은 정말 멋지죠!"

이 투어 중에 미시건에서 그를 만날 기회가 생겼을 때, 클럽은 망설이지 않고 서포터스 행사장을 깜짝 방문했다. 충격에 휩싸인 웹스터는 공연 도중 잠시 멈칫했고, 「알레, 알레, 알

"위르겐을 만난 것은 처음이었고 평생 잊지 못할 순간이었습니다. 그가 행사장에 찾아와 5분 정도 함께 축구와 음악에 관해 이야기를 나눴어요. 제가 사랑하는 클럽의 감독이 시간을 내서 제게 진심으로 관심을 보인다는 사실이 믿기지 않았죠. 전 그저 리버풀의 축구를 좋아하는 청년일 뿐이거든요. 그가 저를 놀라게 한 영상이 입소문을 타면서 제 뮤지션으로서의 커리어가 시작되었어요. 전에도 말했지만 위르겐 클롭은 축구 감독이라기보다 인간적으로 더 훌륭한 사람이고, 그 자체로 세계 최고의 축구 감독이라고 생각해요. 클롭이 제게 해준 일에 대해 무엇으로도 보답할 수 없을 겁니다. 팬으로서 우리는 그에게 모든 것을 빚졌지만 그는 우리에게 아무것도 빚지지 않았어요. 우리에겐 영원히 위르겐뿐입니다."

—제이미 웹스터 | 리버풀 서포터이자 싱어송라이터 |

2018년 여름 투어 중, 미시건에서 리버풀의 미국 서포터스와 함께 즐거운 시간을 보내고 있는 제이미 웹스터.

레」의 또 다른 흥겨운 무대를 시작하기 전에는 말문이 막혔다.

클롭은 말했다. "제이미와 함께 들어가기로 한 것은 아주 쉬운 결정이었습니다. 문 뒤에 뭐가 있는지, 사람이 몇 명인지 전혀 몰랐고 그 방에 들어가본 적도 없었죠." 클롭은 곧바로 터치라인에서 그랬던 것과 같은 열정을 보여주며 모든 가사를 따라 부르고 서포터들의 행동을 따라 했다.

즉흥적이었지만 가슴이 따뜻해지는 순간이었다. 감독은 축구는 여정을 즐기는 것이며,

이런 노래가 그 과정에서 큰 역할을 한다는 것을 알고 있었다. 그는 웹스터에게 이렇게 말했다. "팬, 선수, 스태프 모두가 올바른 방향으로 나아간다면, 100퍼센트 장담할 수는 없지만, 성공 가능성이 더 높아집니다."

여기, 진정한 민중의 친구가 있었다. 팬들과 함께 호흡하는 감독. 그들은 함께 리버풀을 더욱 강하게 만들었다.

경기장 난입

리버풀 VS 에버턴 | 프리미어리그, 2018년 12월 2일 |

축구에서 마지막 순간에 승리하거나 지역 라이벌을 상대로 승리하는 것보다 기분 좋은 일은 없을 것이다. 위르겐 클롭 시절 리버풀에서는 이 두 가지가 모두 흔한 일이 되었다. 이 두 가지를 결합하면 클롭의 표현을 빌리자면 "붐!"이다.

구디슨 파크에서 열린 사디오 마네 더비 이후 2년이 지났다. 축구에서 2년은 긴 시간이지만, 머지사이드에서 지난 일을 잊는 것은 불가능하다. 리버풀 팬들은 여전히 그날에 대해 노래하고 있었고, 에버턴 팬들은 여전히 그날에 대해 쓰라려 하고 있었다.

클롭 부임 이후 처음으로 리그 개막 후 13경기에서 10승 3무의 성적을 거둔 리버풀은 리그 선두 맨체스터시티의 목을 조르며 우승에 도전하고 있었다. 따라서 이번 경기에는 지역 라이벌 간의 자존심 이상의 것이 걸려 있었다. 이는 경기의 격렬함으로 나타났다. 양 팀은 상대를 무력화하기 위해 최선을 다했고 양쪽 모두 기회를 놓쳤다.

경기 종료가 임박할 때까지 무득점 상태가 이어졌다. 클롭은 86분, 호베르투 피르미누 대신 잊힌 공격수 디보크 오리기를 투입하는 비장의 카드를 꺼내 들었다. 상대 팀 벤치에 경

아래, 다음
에버턴의 골키퍼 조던 픽퍼드는 디보크 오리기의 막판 결승골을 막지 못했다.

"위르겐의 인품과 비전으로 클럽과 제게 끼친 영향은 믿을 수 없을 정도로 컸습니다. 그는 제가 어렸을 때부터 저를 관리해주고 경기장 안팎에서 성장할 수 있도록 많은 도움을 준 아버지 같은 존재였습니다. 그는 제게서 최선을 이끌어내는 방법을 알고 있었고 항상 저에 대한 최고의 믿음을 보여주었습니다. 덕분에 경기장에 나갈 때마다 자신감을 얻을 수 있었죠. 에버턴과의 경기에 저를 출전시키면서 '그냥 나가서 네 경기를 해'라고 말씀하셨어요. 압박감이 큰 경기였지만 제가 무엇을 할 수 있는지 알고 계셨던 거죠. 그 골은 마치 영화의 한 장면 같았어요. 이보다 더 잘 짜인 각본은 없을 겁니다. 이런 기억에 남는 순간들이 정말 많았어요. 그는 정말 특별한 감독이었고 섕클리, 댈글리시, 제라드와 함께 리버풀의 역사에 큰 기둥을 세웠습니다."

—디보크 오리기 | 전 리버풀 FC 공격수(2014-2022) |

머지사이드 더비에서
잊지 못할 승리를 거
둔 후 선수들과 기쁨
을 나누는 클롭.

종을 울릴 만한 교체 카드는 아니었다. 올 시즌 1군 경기에 단 11분만 출전한 오리기는 지난 시즌 개막전 이후 프리미어리그에 출전한 적이 없었다. 그러나 감독은 이렇게 설명했다. "우리의 생각은 분명했습니다. 우리는 마지막 순간까지 이기고 싶었고 스트라이커를 투입해 이를 보여주고 싶었습니다."

경기가 추가시간에 접어들자, 원정팀은 무승부에 만족하는 듯 보였다. 그러나 클롭에겐 다른 생각이 있었다.

에버턴 응원단의 휘파람 소리와 환호성 속에서, 트렌트 알렉산더-아널드의 전진 패스를 받은 버질 판데이크가 박스 가장자리에서 에버턴 골문을 향해 공을 날려 보냈다.

관중이 슬슬 출구를 바라보고 있던 그 순간, 골키퍼가 쳐낸 공이 골대 위로 치솟았다. 오리기가 그 공을 헤더로 골대 안에 밀어 넣으며 광란과 아수라장을 연출했다.

클롭은 모든 통제력을 잃고 경기장을 가로질러 40미터를 달려가 골키퍼 알리송 베케르의 품에 안긴 뒤, 수석코치 펩 레인더르스의 품에 또다시 안겼다. "물론 운 좋은 골이었습니다." 그는 이렇게 평가했다. "하지만 길고 치열한 경기였고 우리가 승점을 얻을 자격이 있다고 생각합니다."

디보크 오리기의 골은 안필드 전설의 일부로 영원히 남을 것이다. 클롭은 나중에 자신의 과잉 행동으로 불쾌감을 준 것에 대해 사과했지만, 당시 상황을 고려하면 비난을 피할 수는 없었다.

슈퍼 세이브

리버풀 VS 나폴리 | 챔피언스리그 조별 예선, 2018년 12월 11일 |

2018년 12월, 리버풀의 챔피언스리그 진출이 위태로운 순간이었다. 조별 예선 6차전이자 마지막 라운드 경기였다. 이 단계를 무패로 통과했던 지난 시즌과 달리, 이번 시즌에는 원정에서 세 번의 패배를 당하며 손에 땀을 쥐게 하는 드라마틱한 승부를 펼치게 되었다.

한 시즌 전 예상을 뛰어넘는 성적으로 결승까지 진출했던 리버풀은 이번 대회에서 탈락 위기에 처했다. 위르겐 클롭에겐 감히 상상도 할 수 없는 악몽 같은 시나리오였다.

여름에 다시 강화된 리버풀은 클롭의 눈에 그 어느 때보다 완성형에 가까운 팀으로 보였다.

가장 중요한 계약은 AS 로마의 골키퍼 알리송 베케르를 영입한 것이었다. 키이우에서 벌어진 챔피언스리그 결승전에서의 실수로 인해 클롭은 즉시 새로운 주전 골키퍼를 찾는 데 우선순위를 두었고, 알리송 베케르를 지구상에서 가장 비싼 골키퍼로 만드는 데 주저하지 않았다. AS 로마의 전 코치 중 한 명이 "한 시대를 정의할 수 있는 골키퍼"라면서 "골키퍼의 메시"라고 극찬한 알리송이 지난 5월 안필드에서 5실점 했다는 사실도 클롭의 판단에 전혀 영향을 미치지 못했다.

클롭은 설명했다. "세계 최고의 골키퍼 중 한 명과 계약할 기회가 왔을 때 오래 고민하지 않았습니다. 우리가 해야 할 일이라고 생각했죠. 우리는 이적료를 신경 쓰지 않았고 베케르도 돈은 상관없었습니다. 그게 시장 논리죠. 세상은 그렇게 굴러가고, 이적료는 그냥 지금 그의 가치가 얼마인지를 드러내는 지표 같은 겁니다."

AS 모나코의 미드필더 파비뉴와 RB 라이프치히의 나비 케이타, 스토크시티의 공격 성향이 강한 제르단 샤키리 같은 뉴페이스들도 있었다. 하지만 가장 중요한 선수는 브라질 출신의 골키퍼였다. 그는 클롭에게 팀의 척추와 같은 중요한 역할을 하는 마지막 퍼즐 조각이었다.

경기 시작 전 조 3위였던 리버풀은 본선 진출을 확정하기 위해 클린시트[무실점] 또는 두 골 차 이상의 승리를 거둬야 했다. 클롭은 희망을 버리지 않았다. 그는 경기를 앞두고 자신 있게 말했다. "우리에겐 기회가 있고, 그 기회를 살리기 위해 모든 것을 쏟아부을 겁니다." 카를로 안첼로티 감독이 이끄는 나폴리는 선두 파리 생제르맹에 이어 2위를 달리고 있었

나폴리를 꺾는 유일한 골을 넣은 모하메드 살라.

고, 최하위 클럽인 FK 츠르베나 즈베즈다도 여전히 진출 가능성이 있었다. 결코 쉽지 않은 상황이었다.

34분 이집트의 왕, 모하메드 살라가 박스 안쪽으로 파고들어 골을 넣었다. 클럽은 "믿을 수 없는 골"이라고 말했지만, 이는 극도로 불안했던 밤에 관한 이야기의 절반에 불과하다. "가장 어려웠던 시기는 1-0으로 앞선 직후였습니다." 그는 이렇게 덧붙였다. "안도하는 순간 바로 나폴리가 반격할 게 분명했습니다. 그래서 경기가 너무 치열해졌죠."

리버풀은 1-0으로 충분했지만, 더 많은 골이 터졌다면 안필드 주변의 긴장감이 조금 누그러졌을 것이다. 단 한 골이라도 실점한다면 리버풀은 탈락이었다. 이대로 버텨야 할지, 공격을 더 해야 할지 판단하기 어려웠다. 리버풀이 추가 득점을 노리는 가운데, 시간이 지날수록 나폴리의 위협도 커졌다.

골키퍼 알리송은 더 바빴다. 집중력이 핵심이었다. 그는 클럽이 왜 자신에게 많은 돈을 쓸 준비가 되어 있었는지 정확히 보여주었다. 추가시간 3분, 그는 자신의 가장 유명한 선방으로 남을 만한 멋진 근거리 선방으로 아르카디우시 밀리크의 슈팅을 막아냈다.

골 에어리어 바로 앞에서 단독 찬스를 맞은 나폴리의 교체 선수는 이보다 더 확실한 기회를 바랄 수 없었을 것이다. 시간이 멈춘 것 같았고 심장이 한 박자도 뛰지 않은 채 슛을 날

"첫 미팅에서 감독님이 코칭스태프와 대화하는 방식은 마치 우리 모두를 오래전부터 알고 지낸 것처럼 느껴졌습니다. 그의 관리 능력은 누구에게도 뒤지지 않았고 그의 긍정성은 빛을 발했습니다. 그는 우리가 승리할 수 있다는 믿음을 심어주었습니다. 모든 일에 대한 최종 결정권은 그가 가지고 있었지만, 직원들에게도 발언을 장려했습니다. 그는 항상 제 말에 귀 기울이고 제 의견을 신뢰했죠. 저는 2013년부터 알리송의 성장 과정을 지켜봐 왔기 때문에 그가 얼마나 뛰어난 선수인지 잘 알고 있었습니다. 우리는 정기적으로 훈련에서 경기 상황을 재현하는 연습을 했지만, 나폴리전에서 일어난 일에 대비하기는 어려웠습니다. 그 선방은 우리 시즌과 그 이후의 모든 순간에 큰 힘이 되어주었죠. 모든 공을 위르겐에게 돌리고 싶습니다. 우리는 모두 위르겐과 함께 일하면서 많은 혜택을 받았고, 그가 이룬 업적에 걸맞게 그는 동상을 받을 자격이 있습니다."

―욘 아흐터베르흐 │ 전 리버풀 FC 골키퍼 코치(2009-2024) │

감독과 특별한 승리의 기쁨을 나누는 오늘의 영웅 알리송 베케르.

렸지만 알리송이 순식간에 몸을 날려 결정적인 선방을 해냈다.

공이 들어갔더라면 리버풀의 마드리드행은 순식간에 끝났을 것이다. 경기 후 클럽은 탄성을 지르며 이렇게 말했다. "와, 대단한 경기였어요. 저보다 더 자랑스러운 감독이 있을지 모르겠네요. 경기는 거칠었고 역습도 많았지만 우리는 이에 대비했습니다." 최고의 찬사는 당연히 골키퍼에게 돌아갔다. "어떻게 그런 선방을 해냈는지 모르겠어요. 말이 안 나올 정도입니다. 오늘 밤 생명의 은인이죠. 알리송이 이렇게 잘할 줄 알았다면 두 배의 돈을 주고 데려왔을 겁니다."

알리송은 리버풀의 두 시즌 연속 본선 진출을 이끌며 여섯 번째 유럽 정복의 희망을 지켰고, 전설적인 안필드 영웅의 반열에 올랐다. 중요한 골을 넣은 선수의 이름이 주를 이루는 명예의 전당에 당당히 이름을 올린 것이다. 이번에는 골키퍼가 찬사를 받을 차례였고, 그는 당연히 그럴 자격이 있는 골키퍼였다.

탄탄한 척추의 중요성이 그 어느 때보다 잘 드러났고, 알리송 베케르에게 투자하기로 한 위르겐 클롭의 결정이 옳았다는 것이 명백히 입증되었다. 리버풀의 시즌은 다시 흥미로워지기 시작했다.

바이에른을 꺾어라

바이에른 뮌헨 VS 리버풀 | 챔피언스리그 16강 2차전, 2019년 3월 13일 |

위르겐 클롭은 사명감을 가진 사람이었다. 2017-18 시즌 챔피언스리그 우승 트로피에 근접
했던 그는 올해 더 좋은 성적을 거두겠다는 각오를 다졌다. 하지만 리버풀을 정상 궤도에
올리기 위해서는 먼저 과거의 악령을 쫓아내야 했다.

바이에른 뮌헨은 6년 전 보루시아 도르트문트 소속으로 웸블리에서 열린 결승전에서 패
배한 이후 줄곧 그를 괴롭혀왔으며, 이번 시즌 대회에서도 걸림돌이 되고 있었다. 만약 이
경기에서 오랜 숙적을 물리친다면 결승 진출이 더욱 달콤해질 터였다.

한편 국내 리그에서 리버풀은 맨체스터시티와 프리미어리그 선두를 다투고 있었다. 1월
초 맨체스터시티와의 원정 경기에서 아쉽게 패한 것이 유일한 패배였고, 올해가 드디어 오

알리안츠 아레나의
홈 팬들이 리버풀의
멋진 유럽 퍼포먼스
에 침묵하고 있다.

"2018-19 챔피언스리그에서 바이에른 뮌헨 선수로서 위르겐의 리버풀과 맞붙었을 때 리버풀은 너무나 강했습니다. 우리는 최상의 컨디션이 아니었고 받아들이기 힘든 패배를 당했죠. 이후 리버풀로 이적해 그와 함께 뛰면서 이전에 익숙했던 것과는 다른 유형의 축구를 배웠고 그건 제 인생에 큰 변화를 가져다준 좋은 경험이었습니다. 혼돈의 한가운데서 편안하게 경기하는 것이 우리 팀에서 그가 추구하는 목표 중 하나였어요. 고강도 축구를 통해 상대를 곤란하게 만들고 약점을 노출시키는 것이죠. 경기 중에 이런 상황을 이해하고 결정을 내리는 데는 시간이 걸리지만 위르겐은 제가 적응하고 발전할 수 있도록 도와주었습니다. 이 도시, 이 클럽, 이 커뮤니티의 일원이 될 기회를 준 그에게 감사합니다."

-티아고 알칸타라 | 전 리버풀 FC 미드필더(2020-2024) |

랜 기다림을 끝내는 해가 될 수 있다는 믿음이 있었다. 반면 잦은 경기 출장으로 인해 유럽 대회가 리버풀의 우승 야망에 방해가 될지 모른다는 우려도 조심스럽게 나오고 있었다.

물론 리버풀의 여섯 번째 유럽 정복에 대한 기대 역시 높았다. 2차전을 위해 고국으로 돌아간 클롭은 두 개의 전선에서 모두 성공할 수 있다고 주장했다.

안필드에서 열린 첫 번째 맞대결에서 지루하고 답답한 무승부를 거둔 후 우위를 점한 것은 바이에른 뮌헨이었다. 주장 조던 헨더슨이 알리안츠 아레나에서 열린 2차전에서 13분 만에 부상으로 절뚝거리며 퇴장하면서 클롭의 임무는 더욱 어려워졌다.

하지만 골은 팀에 활력을 불어넣을 수 있는 중요한 순간 중 하나다. 전반전 중반, 사디오 마네가 클롭이 "천 번이라도 또 보고 싶다"고 말한 환상적인 골로 리버풀에 리드를 안겨주었다.

이로써 리버풀은 확고하게 주도권을 잡았다. 하프타임 직전 요엘 마티프가 안타깝게도 자책골로 동점을 허용했지만, 감독은 침착함을 유지했다. "이런 경기에서는 실수가 있을 수 있지만, 경기에 집중하면서 실수를 통제하려고 노력해야 합니다."

하프타임 이후 리버풀은 다시 주도권을 되찾았다. 스타플레이어들이 즐비한 바이에른의 공격을 저지했고, 결국 버질 판데이크와 마네가 두 골을 더 넣으며 승부를 결정지었다. 감독은 기뻐했다. "우리가 축구를 하는 순간 우리는 바이에른의 조직력을 즉시 파괴했습니다. 당연한 결과입니다."

긴장하며 시작했던 밤은 편안하게 끝났다. 리버풀은 그만큼 훌륭했다. 리버풀이 해외에서 거둔 역대 최고 성적 중 하나였다. 감독은 그런 팀을 자랑스러워했다. "오늘 밤 우리는 리버풀이 유럽 축구의 정상급으로 돌아왔다는 표지를 남겼습니다."

위르겐 클롭에게 이번 승리는 모든 것을 의미했다. 바이에른 뮌헨에게 당한 고통이 마침내 해소되었고 리버풀은 챔피언스리그의 악령을 쫓아내는 데 한 걸음 더 다가섰다.

코너에서 시작된 기적

리버풀 VS 바르셀로나 | 챔피언스리그 준결승 2차전, 2019년 5월 7일 |

그것은 위르겐 클롭과 그가 조직한 엄청난 팀에게도 불가능한 일로 여겨졌다. 준결승 2차전에서 공을 차기도 훨씬 전에, 리버풀이 홈에서 바르셀로나에 3골 차로 뒤진 승부를 뒤집을 가능성은 없다고 모두가 생각했다. 하지만 캄프 누[FC 바르셀로나의 홈구장]에서 패배한 후, 원정팀 라커룸에서 역사에 길이 남을 위대한 복귀를 위한 첫 번째 씨앗이 뿌려지고 있었다는 사실을 팬들은 알지 못했다.

리버풀은 1차전에서 충분히 좋은 경기를 펼쳤지만 리오넬 메시와 루이스 수아레스의 눈부신 활약에 무너졌다. 클롭은 리버풀에 아주 불리한 상황이 닥쳤다는 사실을 인정하면서도 선수들의 사기가 떨어지지 않도록 했다. 그는 선수들에게 믿음을 주문하며 같은 말을 몇 번이고 반복했다. "잃은 것은 아무것도 없습니다. 나는 여러분을 믿습니다. 기회가 있는 한, 나는 믿습니다. 우리는 이 상황을 역전시킬 겁니다."

2005년 챔피언스리그 결승전은 기적['이스탄불의 기적']이 일어날 수 있다는 것을 증명했고, 바르셀로나도 지난 시즌 AS 로마를 상대로 역전을 허용[1차전 4-1, 2차전 0-3]한 적이 있었다. 그러나 리버풀이 1차전 패배를 딛고 반격에 나선 적은 없었다. 경기 전 기자회견에서 클롭은 자신 있게 말했다. "네, 희망은 있습니다. 우리는 포기할 수 없습니다. 하지만 '100퍼센트 성공'을 말할 수 있는 상황은 아닙니다. 이것은 축구이고, 그렇기 때문에 우리 선수들을 믿고 시도하는 것뿐입니다."

모하메드 살라와 호베르투 피르미누가 모두 부상으로 결장하면서 어려움은 더욱 가중되었다. 게다가 맨체스터시티가 레스터시티를 꺾고 단 한 경기만을 남겨둔 채 우승 경쟁에서 앞서나갔다는 소식을 들었을 때 팬들은 충격에 휩싸였다. 많은 것을 약속했던 시즌이 무산될 위기에 처한 것이다.

그럼에도 불구하고 클롭은 분위기를 최대한 밝게 유지하고자 했다. 그는 안필드에 모인 서포터들이 비참한 마음을 갖지 않기를 바랐고, 모두가 기억에 남는 축제의 장으로 만들자고 촉구했다.

"축구 파티가 되어야 합니다. 경기 중에는 술을 마시지 않으니, 축구로 축하해야 합니다.

옆
조르지니오 베이날둠의 골이 연달아 터지면서 리버풀이 승부를 원점으로 돌렸다.

그게 계획입니다."

"이번 시즌 마지막 챔피언스리그 경기가 될 가능성이 있으니 다리로, 페로, 좋은 결정으로, 감각적인 분위기로 이 모든 것을 축하합시다. 그리고 결과를 지켜봅시다. 우리가 해낼 수 있다면 가장 좋겠죠, 할 수 없다면 가장 아름다운 방식으로 실패합시다."

클롭은 선수들에게도 특별한 말을 남겼다. 경기 당일 오후, 2015년 리버풀 감독직 계약을 체결했던 시내 중심가의 호텔에서 클롭은 경기 전 팀 미팅을 위해 선수들을 소집했다. 그는 방 안을 훑어보며 모두가 참석했는지 확인한 후 회의를 시작했다.

"오늘 밤 우리가 하는 일은 불가능한 일일 겁니다. 1차전에서 바르셀로나에 3 대 0으로 완패한 다른 팀이었다면 전혀 기회가 없을 거라고 말할 겁니다. 그저 자존심과 품위를 위해 플레이하라고, 머리를 높이 들고 나가라고 말할 겁니다. 하지만 우린 다른 어떤 선수들과도 다릅니다. 여러분이기 때문에 기회가 있습니다." 생클리 감독과 비슷한 방식이었다. 이 선수단과의 대화는 클럽 역사상 가장 중요한 경기 전 팀 토크 중 하나로 기억될 것이다.

몇 시간 후, 그 영감을 주는 말이 여전히 귓가에 울리는 가운데 리버풀 선수단은 시끌벅적한 안필드로 걸어 나갔다. 클럽이 선수들에게 심어준 믿음이 팬들에게도 전해져서 관중

모하메드 살라의 티셔츠에 새겨진 슬로건은 클롭이 선수단에게 전달한 메시지이기도 했다.

석에는 새로운 희망의 기운이 감돌았다. 부상을 입은 살라는 앞면에 '절대 포기하지 마'라는 문구가 새겨진 검은색 티셔츠를 입고 옆에서 지켜봤다. 이날의 분위기를 완벽하게 담아낸 문구였다.

리버풀로서는 이보다 더 좋을 수 없는 시작이었다. 7분 만에 피르미누 대신 선발 출전한 디보크 오리기가 골키퍼의 손에 맞고 나온 공을 밀어 넣으며 득점 도화선에 불을 붙였다. 클롭은 주먹을 불끈 쥐고 메인스탠드를 향해 절제된 세리머니를 펼쳤다. 클롭의 리버풀이 결코 이기지 못할 거라고 생각한 사람들에게 '다시 생각해보라'는 신호였다.

초반 돌파는 결정적이었고 모든 사람의 기분을 끌어올렸다. 관중들은 이미 팀에 대한 무조건적인 응원을 다짐하고 있었지만 이 선제골로 인해 더욱 큰 함성을 질렀다.

전반전에는 앤디 로버트슨이 부상자 명단에 추가되며 더 이상의 추가 득점이 나오지 않았다. 하프타임 동안 클롭은 '믿음'이라는 마법의 단어를 반복해 말하며 인내의 필요성을 다시 한번 강조했다. 그는 골이 언제 들어가는지는 중요하지 않다는 점을 선수들에게 상기시켰다.

로버트슨의 교체 선수인 조르지니오 베이날뒴이 큰 영향을 끼칠 것이기 때문에 로버트슨의 퇴장은 운명이었는지도 모른다. 후반전 시작 9분 만에 미드필더가 오른쪽에서 낮게 깔아 올린 크로스가 골로 연결되며 점수 차를 더 줄였다. 데시벨이 올라가고 믿음이 치솟으며 바르샤가 긴장하기 시작했다.

2분 뒤 베이날뒴은 다시 한번 응원석을 날려버릴 뻔한 슈팅을 퍼부었다. 이번에는 왼쪽에서 크로스가 들어왔고 베이날뒴은 수비수를 제치고 강력한 트위스트 헤더로 골문 상단 구석을 노렸다. 이제 우리가 상상할 수 없는 영역에 들어섰고 아직 30분이 넘게 남았다.

반대편에서 심장을 멈추게 하는 순간들이 없었던 것은 아니다. 그러나 연회색 유니폼을 입은 알리송은 '월드 클래스'의 기량으로 스타들이 즐비한 바르셀로나의 공격을 막아냈다.

리버풀 팬들이 경기 시작 전만 해도 연장전이나 승부차기까지 가기 위해서라면 기꺼이 오른 손목쯤은 잘라낼 기세였던 것과 반대로, 스페인 팬들은 휘슬이 울려서 이제 그만 고통에서 벗어나기를 간절히 기도했다. 남은 시간은 11분, 리버풀 선수들은 이를 악다물었다.

결정적 순간은 오른쪽 코너에서 시작되었다. 코너킥 상황에서 트렌트 알렉산더-아널드가 수비수 마크가 없는 오리기를 찾아냈다. 그다음, 전설적인 장면이 펼쳐졌다. 오리기가 논스톱으로 슛을 날려 기적 같은 역전극을 완성한 것이다.

다음
디보크 오리기의 득점으로 리버풀이 1-0으로 앞서면서 놀라운 역전 드라마가 시작되었다.

다음다음
동료 미드필더 파비뉴와 함께 축하 세리머니를 하고 있는 주장 조던 헨더슨.

"위르겐이 리버풀에 준 가장 큰 선물은 신념이었습니다. 그는 선수, 스태프, 팬 등 클럽 전체를 하나로 묶어주었고, 모두가 같은 방향으로 힘을 합치면 무엇이든 가능하다는 정신을 심어주었습니다. 챔피언스리그 준결승에서 바르셀로나를 상대로 한 경기보다 이를 더 잘 설명할 수 있는 것은 없습니다. 3골이나 뒤진 상황에서 역전의 기회를 준 사람이 바로 그였죠. 그가 가장 잘한 것은 선수들에게 긍정적인 생각을 전달한 것입니다. 경기 전 미팅에서 그가 연설하는 방식은 정말 놀라웠습니다. 우리는 모두 3미터쯤 높이 올라간 기분을 느꼈고, 새로운 낙관을 가지고 회의실을 나섰습니다. 그는 기적이 일어날 수 있고 우리 팀이 열세를 뒤집을 수 있다고 믿게 만들었죠. 그날 그가 우리에게 한 말은 영원히 기억에 남을 겁니다."

—조던 헨더슨 | 전 리버풀 FC 미드필더(2011-2023) |

빠른 코너킥을 시도
한 트렌트 알렉산더-
아널드를 격하게 안
아주는 클롭.

클롭은 이 골을 "믿을 수 없을 정도로 영리한 골"이라고 칭찬했지만, 너무 빨리 터진 골이
라 누가 코너킥을 했는지, 누가 득점했는지 전혀 몰랐다고 고백했다.

그라운드 곳곳에서 감격적인 장면이 펼쳐졌고 클롭은 감정에 휩싸여 그 순간 완전히 이
성을 잃었다. 경기 종료 휘슬이 울린 후 텔레비전 기자들과 만난 클롭은 주저하지 않고 이
렇게 말했다. "이 선수들은 빌어먹을 거인들입니다. 경기 내내, 경기 내내 정말 너무나 압도
적이었어요. 세계 최고의 팀과 경기하는데, 실점하면 안 되고 득점을 해야 하는데… 우리가
어떻게 해냈는지 모르겠어요. 선수들이 어떻게 해냈는지 모르겠지만 정말 대단했어요."

"오늘은 정말 특별한 밤입니다. 바르셀로나를 상대로 승리하는 것은 분명 축구계에서 가
장 어려운 일 중 하나입니다. 우리는 이 클럽이 분위기, 감정, 열망, 축구 실력이 어우러진 곳
이라는 것을 알고 있습니다. 어느 하나만 잘라내면 안 된다는 것을 잘 알고 있죠. 전에도 말
했지만요. 이 클럽을 설명해야 한다면 큰 심장이라고 할 수 있는데, 오늘 밤은 분명 미친 듯
이 두근거렸어요. 여러분도 그 소리를 들을 수 있었을 것이고 아마 전 세계 사람들도 느낄
수 있었을 겁니다."

아무리 노련한 관찰자라도 방금 목격한 장면을 믿을 수가 없었다. 장대한 역사를 간직한 안필드에 사람들이 지치지 않고 이야기할 수 있는 놀랍도록 영웅적인 이야기가 새로이 쓰인 것이다. 클롭은 이렇게 말했다. "살아오면서 수많은 축구 경기를 봤지만, 이런 경기는 기억에 없습니다. 영원히 기억할 겁니다." 그는 혼자가 아니었다.

감독과 선수들, 스태프 전체가 한마음으로 서서 「그대는 결코 혼자 걷지 않으리」를 부르며 몸을 흔드는 장면은 행복감 넘치는 여운으로 오래도록 기억에 남을 것이다.

모든 것이 끝나고 축하 분위기가 가라앉자, 클롭은 이제 챔피언스리그 결승전을 두 번째로 준비해야 한다는 사실을 떠올렸다. "사람들에게 이런 경험을 선사할 수 있어서 정말 기쁘고, 우리가 다시 한번 제대로 할 수 있는 기회를 얻게 돼서 정말 기쁩니다."

이 경기를 통해, 위르겐 클롭이 이끄는 리버풀은 무엇이든 가능하다는 것을 증명했다.

유 럽 챔 피 언 의 날

리버풀 VS 토트넘 홋스퍼 | 챔피언스리그 결승전, 2019년 6월 1일 |

위르겐 클롭과 그의 선수들은 불멸의 위대함의 정점에 서 있었다. 유럽 챔피언의 영광은 영원히 간직될 것이고, 리버풀은 이제 우승까지 90분밖에 남지 않았다.

클롭은 2013년 도르트문트, 2018년 리버풀에서 두 차례 챔피언스리그 결승에 올랐지만 두 번 다 나락으로 떨어진 경험이 있었다. 그리고 2019년 챔피언스리그 결승전이 리버풀 감독으로서 맞은 네 번째 컵대회 결승전이었지만 아직 우승 경험은 없었다. 그래서 이번에는 성공해야 한다는 부담감이 컸다.

클롭이 지휘봉을 잡은 지 4년 만에 리버풀은 다시 우승 대열에 합류할 기회를 얻었다. 그는 누구보다 이를 잘 알고 있었다. "준결승 승리에 관한 책을 써봤자 아무도 사지 않을 것"이라고 농담을 던지기도 했다. "우리가 이겨야 한다는 걸 잘 알고 있습니다. 팀의 발전에도 매우 중요합니다."

프리미어리그 우승 경쟁에서 단 1점 차이로 선두를 지키고 있는 리버풀의 시즌 성패는 이제 이 경기에 달려 있었다. 한 팀이 받아들일 수 있는 실망에는 한계가 있다. 여기서 패배하는 것은 상상할 수 없는 일이었다.

북런던의 친숙한 적, 토트넘 홋스퍼 역시 아약스와의 극적인 준결승전을 치르고 올라왔다. 리버풀이 유럽 대회 결승에서 같은 잉글랜드 팀과 맞붙은 것은 이번이 처음이었지만, 흥분과 감동을 떨어뜨리지는 못했다.

안필드에서 '올드 빅 이어'라는 애칭으로 불리는 챔피언스리그 우승 트로피에 LFC라는 이니셜이 새겨진 지 14년이 지났다. 5번이나 유럽 대항전 우승을 차지한 리버풀에겐 너무나 긴 시간이었다. 클롭의 야망은 밥 페이즐리(1977, 1978, 1981), 조 페이건(1984), 라파엘 베니테스(2005)의 발자취를 따르는 것이었다.

마드리드의 에스타디오 메트로폴리타노 스타디움이 그토록 고대하던 운명의 날이 열리는 장소였다. 스페인의 수도는 최고의 시간과 역사적인 순간을 기대하며 항해해 온 스카우서 함대, 붉은 바다에 휩싸였다.

클럽은 국내 시즌 종료와 챔피언스리그 결승전을 사이에 둔 3주 동안 선수들에게 절실히 필요한 휴식을 제공했다. 그리고 선수들을 스페인 남부의 마르베야로 데려가서 일주일간의 훈련 캠프를 통해 큰 경기를 앞두고 쌓인 피로를 풀고 마드리드에서 맞이하게 될 무더위에 적응할 수 있도록 했다.

그런 다음 멜우드 훈련장에서 5일간 세심하게 계획한 프로그램을 완성했고, 곧 6월의 첫날이 다가왔다. 클럽과 그의 팀은 준비가 되어 있었다.

초저녁 해가 아직 저물지 않고 일부 서포터들이 아직 자리를 찾지 못한 상태에서 2019년 챔피언스리그 결승전이 시작되었다. 서로를 너무나 잘 알고 있는 두 팀의 팽팽한 접전이 예상되었지만, 킥오프 22초 만에 극적인 장면이 연출되었다. 사디오 마네가 시도한 크로스를 무사 시소코가 박스 안에서 손으로 처리한 것으로 판정되었고, 슬로베니아 주심은 바로 페널티킥을 선언했다.

올바른 판정이었는지에 대한 논쟁이 벌어졌다. 토트넘 선수들이 항의했고 VAR로 이어졌다. 경기 지연으로 긴장감이 고조되었다. 페널티킥 키커로 정해진 모하메드 살라의 혈관이

모하메드 살라는 침착한 페널티킥으로 마드리드에서 리버풀에 리드를 안겼다.

"물론 챔피언스리그 결승전은 좋은 경험이 아니었지만 위르겐의 전술적인 면, 터치라인에서 펼치는 경기 방식을 경험하며 함께 뛰는 것은 즐거운 일이었습니다. 그의 옆에 있으면 그가 특별한 사람이라는 느낌이 들었습니다. 우리는 이기기 위해 경쟁하지만 결국에는 상대방에 대한 존경심을 가져야 합니다. 가끔은 이길 때 조용히 상대를 존중하는 것이 쉽지 않은데 항상 그렇듯이 그는 큰 존경심을 보여줬고, 그런 점이 정말 고맙게 느껴집니다. 그는 훌륭한 사람입니다. 훌륭한 코치이자 훌륭한 사람이죠. 그는 자신의 성격을 팀에 그대로 옮기는 감독입니다. 처음 몇 년 동안은 건물을 짓다가 결승전을 치르고 큰 트로피에 도전하기 시작했죠. 그가 리버풀에서 만들어낸 업적은 정말 놀랍기만 합니다."

―마우리시오 포체티노 | 전 토트넘 홋스퍼 FC 감독(2014-2019) |

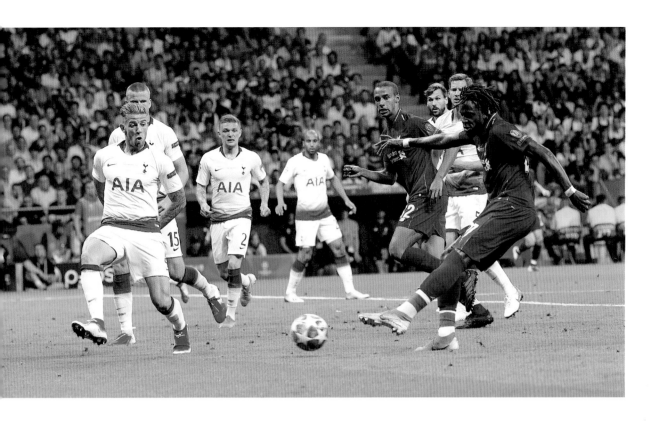

차갑게 얼어붙을 만한 긴장감이었다. 동요하지 않은 살라는 1분 뒤, 절망에 빠진 위고 요리스의 다이빙을 뚫고 왼발로 자신 있게 킥을 성공시켰다.

2005년 AC밀란이 리버풀을 상대로 초반 리드를 잡은 이후 가장 극적인 챔피언스리그 결승전 시작이었지만, 그와 같은 짜릿한 광경은 실현되지 못했다. 토트넘은 초반에 게임 계획이 틀어져버렸고, 이는 리버풀에 유리하게 작용했다. 클롭은 선수들에게 집중력을 유지하라고 지시했다. 모두 다 경기 운영에 관한 것이었다. 치고 나가서 공격하려면 위험도 감수해야 한다. 감독의 말을 빌리자면 "위험이 없으면, 실수할 기회도 없다"는 것이었다.

양 팀 모두 득점 기회가 거의 없었는데, 알리송의 '골든 글러브'가 없었다면 균형이 몇 번이나 흔들릴 수도 있었다. 이렇게 리드가 유지되자 모두가 긴장하기 시작했다. 하지만 토트넘은 시간이 지날수록 좌절감을 느끼며 지치기 시작했다.

리버풀은 더 많은 에너지를 가진 것처럼 보였고, 결국 경기 종료 4분여를 남기고 승부를 결정지었다. 요엘 마티프가 박스 안에서 교체 투입된 디보크 오리기를 향해 패스를 연결했다. 준결승전의 영웅인 오리기는 오른발로 원터치를 한 뒤 왼발 슈팅을 날렸고, 공은 골대 구석으로 낮게 굴러갔다.

위
디보크 오리기의 왼발이 토트넘전 승리와 클럽의 여섯 번째 유러피언컵 우승을 결정지었다.

다음
캄피오네(챔피언) 리버풀! 클롭은 유럽 클럽 축구에서 가장 탐나는 상을 손에 넣었다.

그 골의 바로 뒤에 있던 리버풀 팬들은 황홀경에 빠졌다. 리버풀 클럽은 위르겐 노르베르트 클롭의 지도하에 여섯 번째로 유럽을 정복하고 약속의 땅을 되찾았다.

주위가 아수라장이 된 가운데 경기 종료 휘슬이 울리자, 클롭은 곧바로 상대 팀 감독 마우리시오 포체티노에게 위로의 악수를 내밀었다. 경기 후에 그는 이렇게 말했다. "저는 지금 이 순간 토트넘의 기분을 누구보다 잘 알고 있습니다. 그들도 놀라운 시즌을 보냈지만, 오늘 밤 우리는 적절한 순간에 골을 넣었습니다."

클롭은 관중석을 올려다보며 가족과 친구들을 향해 손을 흔들고 키스를 날렸다. 압도적인 행복감과 안도감에 휩싸인 그는 감정을 주체하기 어려웠다. "이런 팀을 본 적이 있나요? 선수들, 여기 있는 모든 이들, 그리고 제 가족까지 모두가 정말 행복한 밤입니다. 모두가 저를 위해 고생했습니다. 모두가 행복해할 자격이 있습니다. 결승전은 결과일 뿐, 오늘 밤 우리 선수들은 우리에게 필요한 회복력을 보여주었습니다. 우승 이유를 설명하기보다는 우승했다는 사실을 즐기고 싶습니다."

조던 헨더슨이 우승컵을 들어 올리기 위해 시상대에 오르며 클롭에게 함께 올라가자고 청했다. 하지만 클롭은 주장의 제안을 거절하고 거의 보이지 않는 곳에서 자랑스럽게 지켜봤다. 그에게 이 순간은 선수들을 위한 순간이었으며, 선수들이 무대의 중심에 서게 된 것을 누구보다 기뻐했다. "제가 우승컵을 만지는 것은 중요하지 않았어요. 선수들이 우승컵을 들고 관중석에 있는 사람들의 얼굴을 보는 것이 좋았습니다. 그 순간은 제게 필요한 모든 것을 주었죠."

클롭은 노고에 감사하는 의미로 선수들 한 명 한 명에게 다가가서 이제는 트레이드마크가 된 '클롭 허그'를 선사했다. 후에 그는 이렇게 말했다. "선수들 모두가 경기장에서 울고 있었어요. 너무나 감격스럽고, 우리에게 너무나 큰 의미가 있었기 때문이죠." 선수들은 클롭이 없었다면 불가능했을 일이라는 것을 알기에, 그에게 경의를 표하고 싶어 하는 리버풀 팬들을 향해 클롭을 헹가래 쳐서 보답했다.

4년 안에 우승컵을 선사하겠다는 클롭의 약속이 지켜졌다. 수많은 피와 땀, 눈물의 결정체였지만 결국 가장 멋진 트로피를 손에 쥐게 되자 그 모든 것이 보람으로 다가왔다. 그는 이렇게 회상했다. "상상할 수 있는 가장 아름다운 마무리로 끝난 정말 격렬한 시즌이었습니다. 프로축구 생활에서 최고의 밤이었죠."

파티가 시작되었고 클롭은 경기 후 기자회견에 축하 맥주를 들고 등장했다. "경기장에 있는 사람들뿐만 아니라 전 세계 모든 사람들을 위한 것입니다. 그들은 우리와 함께하고 있고 지금 미친 듯이 축하를 보내고 있습니다. 우리는 함께 축하하며 멋진 밤을 보낼 겁니다.”

리버풀의 역사에도, 클롭 개인에게도 매우 뜻깊은 순간이었다. 양쪽 다 마지막으로 우승 트로피를 들어 올린 지 7년이나 지났기 때문이다. 4년 만에 처음으로 함께 성공을 거둔 클럽은 더욱 밝은 미래를 예고했다. “정말 행복합니다. 트로피를 많이 땄고 이제 우승컵까지 땄으니까요. 이제 우리는 계속해서 이어나갈 겁니다. 우리는 100퍼센트 이기고 싶습니다. 이것은 시작에 불과합니다.”

리버풀은 6번째 우승으로 유럽 왕족의 반열에 올라섰다. 이 가장 탐나는 트로피를 이보다 더 많이 획득한 클럽은 단 두 팀뿐이었다. 위르겐 클롭과 그의 선수들은 우승에 따른 전설적인 지위를 충분히 누릴 자격을 얻었다.

모두 함께 마법의 버스에 오르다

홈 커밍 퍼레이드 | 2019년 6월 2일 |

리버풀은 파티 분위기로 유명한 도시이고 스카우서들은 즐거운 시간을 보내는 법을 확실히 알고 있지만, 2005년 챔피언스리그 트로피가 붉은색과 흰색의 머지 강둑에 마지막으로 내려온 이후 이 정도 규모의 축제를 본 적은 없었다.

디보크 오리기의 골이 마드리드의 골대 뒤편에 꽂히는 순간부터 모든 리버풀 팬들은 도취 상태에 빠졌다. 클롭을 포함해 아무도 잠을 제대로 자지 못했다. 경기가 끝난 직후 클롭은 다음 날 승리의 퍼레이드를 보고 싶어 너무나 설렌다고 인정했다. "내일 리버풀에 가서 축하할 일이 있으니 정말 기대가 됩니다."

전날의 격렬한 밤으로 인해 눈이 충혈되고 목이 쉰 리버풀 선수단은 일요일 오후 존 레넌 공항에 착륙했다. 비행기는 전통적으로 외국 고위 인사나 퇴역 군인들이 방문할 때만 하는 경례와 함께 활주로에서 열렬한 환영을 받았다.

붉은색 옷을 입고 '유럽 챔피언'이라는 마법 같은 글자를 새긴 버스가 여정을 시작하자 도시의 열기는 최고조에 달했다.

서포터들은 최고의 관람 위치를 확보하기 위해 아침 일찍부터 거리에 줄을 섰다. 앨러턴에서 출발해 차일드월, 브로드그린, 웨스트 더비, 튜브룩, 켄싱턴을 거쳐 최종 목적지인 도심으로 향하는 느리지만 영광스러운 행진이었다.

도로가 온통 붉은색으로 물들었다. 클롭과 선수들은 돌아가며 다이아몬드처럼 반짝이는 우승 트로피를 선보였고, 서포터들은 이를 보기 위해 옥상과 버스 정류장, 신호등에 필사적으로 올라갔다.

왼쪽 위
약 75만 명의 사람들이 2019년 유럽 챔피언에게 경의를 표하기 위해 모였다.

오른쪽 위
챔피언스리그 우승의 영광을 만끽하고 있는 환희에 찬 리버풀 선수들.

승리의 홈 커밍 퍼레
이드에 참석한 클롭.

클럽이 버스 뒤편에서 다리를 옆으로 늘어뜨리고 맥주를 손에 들고 야구 모자를 뒤로 젖
힌 채 혼자만의 시간을 즐기는 모습이 곳곳에서 목격되었다. 그 모습은 보기만 해도 즐거웠
고 사람들은 자신이 목격한 광경에 완전히 넋을 잃었다. 클롭은 이렇게 소감을 밝혔다. "정
말 특별한 순간입니다. 그들의 눈을 보면 그게 얼마나 큰 의미인지 알 수 있죠. 믿을 수 없
을 정도로 강렬해요. 오늘, 와우! 미치겠어요."

강변을 따라 인파가 가장 많이 밀집해 있었다. 붉은색 연기 구름이 대기를 가득 채우고
색종이 테이프가 강물에 떠내려가고 불꽃놀이가 펼쳐지는 장엄한 장면을 라이버 버드[리버
풀의 상징인 전설 속의 새]가 자랑스럽게 내려다보고 있었다.

유럽의 새로운 왕에 걸맞게 정말 숨이 멎을 듯한 환영식이었다. 클롭은 할 말을 잃을 지

"처음 부임했을 때 그는 의심하는 사람들을 믿음을 가진 사람들로 바꾸겠다고 약속했습니다. 그는 확실히 그 약속을 지켰죠. 우리는 수십 년 동안 우리에게 행복과 승리를 가져다준 감독들을 숭배하는 클럽이고, 응원단의 깃발과 배너로 그들을 알아볼 수 있습니다. 100년 후에도, 위르겐 클롭이 우리 클럽과 팬들에게 남긴 지울 수 없는 흔적을 영구히 기억하기 위해 이곳 머지사이드와 전 세계 곳곳에 위르겐 클롭의 깃발이 자랑스럽게 휘날릴 겁니다. 저는 2019년 챔피언스리그 우승 다음 날 버스에서 그와 함께 있었던 순간을 결코 잊지 못할 겁니다. 우리가 리버풀 거리를 지나갈 때, 그가 자랑스럽게 트로피를 보여주자 다 큰 어른들이 감정이 복받쳐 흐느꼈죠. 그 순간, 리버풀 역사 속의 그 어떤 감독보다도 그는 우리와 하나였습니다. 위르겐이 리버풀 팬이어서 정말 기쁩니다."

−피터 무어 | 전 리버풀 FC 최고경영자(2017-2020) |

경이었다. "정말 말로는 표현할 수 없습니다. 응원과 환영이 너무 압도적이어서 조금 울었어요. 정말 대단한 일이죠."

2019년 챔피언스리그 우승팀을 환영하기 위해 모인 인파는 리버풀 인구의 약 4분의 3에 달하는 것으로 추산되었다. 이는 1960년대 비틀스가 미국에서 귀국했을 때를 능가하는 도시 역사상 가장 큰 규모의 홈 커밍 행사였다.

위르겐 클롭은 이곳에서 특별한 무언가를 만들어내고 있었고, 홈 커밍 퍼레이드가 바로 그 증거였다.

붐 !
3 0 년
기 다 림 의
끝

———————

2019 – 2020

슈퍼 레즈

리버풀 VS 첼시 | UEFA 슈퍼컵 결승, 2019년 8월 14일 |

클럽은 트로피를 따야 한다. 그리고 우승 트로피를 더 많이 딸 기회가 생겼을 때는 진지하게 고민해야 한다. 다행히도 위르겐 클롭은 이런 생각을 하고 있었으며, 성공에 대한 갈증은 끝이 없었다.

유럽 챔피언인 리버풀은 2019-20 시즌 개막 주간에 이스탄불에서 열리는 UEFA 슈퍼컵에 출전할 자격을 얻었다.

클롭에게 컵대회 결승전은 매우 익숙한 클럽을 상대로 한 또 하나의 잉글랜드 더비였다. 리버풀이 토트넘을 꺾고 챔피언스리그 우승을 차지하기 몇 주 전, 첼시는 아스널을 꺾고 유로파리그 우승을 차지했었다.

시즌 초반, 친선 경기나 커뮤니티 실드의 대륙 버전에 불과하다는 평가를 듣는 UEFA 슈퍼컵 때문에 튀르키예까지 원정을 떠나는 것은 무모해 보였다. 하지만 리버풀이 과거에 세 번이나 들어 올렸던 트로피가 또 한 번 걸려 있는 만큼 결코 가볍게 여길 수 없었다.

이전까지 슈퍼컵에서 우승한 독일 감독은 없었다. 클롭은 원래 이 대회가 얼마나 중요한

또 다른 시즌, 또 다른 트로피, 이번에는 UEFA 슈퍼컵.

위
이스탄불에서 성공을
거두고 기뻐하는 클
롭과 코칭스태프.

다음
클럽 정식 데뷔전에
서 영웅으로 떠오른
아드리안 산 미겔.

지 잘 몰랐다고 인정했지만, 클럽 훈련장에 있는 챔피언스 월에 이 대회가 등재되어 있다는
사실만으로도 확신을 가질 수 있었다.

그의 팀은 어쩔 수 없이 골키퍼를 바꾼 것 외에는 가장 강력한 팀이었다. 5일 전 프리미어
리그 개막전에서 알리송 베케르가 부상당해 이번 원정에서 제외되었다. 그의 자리는 2주 전
부터 결장 중이던 아드리안 산 미겔 델 카스티요에게 돌아갔다. 골키퍼 후보로 자유 이적
계약을 맺은 아드리안은 예상보다 훨씬 빨리 기회가 찾아왔고, 그 기회를 완벽하게 잡았다.

베식타시 파크에서 열린 이 경기에서 사디오 마네는 리버풀을 위해 두 골을 넣었다. 하지
만 연장전에서도 2-2로 승부는 갈리지 않았고 승부차기까지 가는 접전이 펼쳐졌다. 물론
리버풀은 이 도시에서 승부차기를 통해 2005년 챔피언스리그 우승을 차지한 것으로 유명
했다. 당시에는 예지 두데크가 골키퍼 영웅이었고, 이번에는 아드리안이 결정적인 킥을 막
아냈다.

클럽은 경기가 끝난 후 이렇게 말했다. "그는 놀라운 활약을 펼쳤고, 결국 우리는 승리를
쟁취했습니다. 경기 전에는 이겼을 때 얼마나 좋을지 몰랐지만 정말 대단한 경기였습니다.

"이 경기는 제게 정신없는 한 주를 마무리하는 경기였고, 도착한 지 며칠 만에 이루어졌습니다. 감독님은 제 경험과 성격 때문에 저와 계약했다고 말씀하셨는데, 덕분에 자신감이 생겼어요. 마지막 키커의 킥을 막아 우승컵을 거머쥔 것은 정말 멋진 기억입니다. 이보다 더 좋은 각본은 있을 수 없었죠. 꿈이 이루어진 순간이었고 저를 믿어준 감독님께 항상 감사합니다. 그는 제가 사고방식을 바꾸는 데 도움을 주었고 그의 축구 철학이 모든 선수들과 잘 어울린다는 것을 금방 알 수 있었습니다. 덕분에 훌륭한 팀을 만들 수 있었죠. 그 외에 그가 성공할 수 있었던 특별한 비결은 없습니다. 그는 정말 평범하고 인간적인 사람이지만 단언컨대 리버풀뿐만 아니라 전 세계적으로 위대한 감독으로 영원히 기억될 겁니다."

–아드리안 산 미겔 델 카스티요 | 리버풀 FC 골키퍼(2019-현재) |

제가 이긴 것이 아니라 리버풀이 이긴 것이고, 우리를 응원하는 모든 사람들이 이긴 것이며, 이 모든 사람들에게 얼마나 큰 의미가 있는지 느낄 수 있어서 정말 행복합니다."

버스를 기다리듯 클롭이 리버풀 감독으로서 첫 트로피를 손에 넣는 데는 시간이 걸렸지만, 이제 두 개의 트로피가 연달아 찾아왔다. 클롭과 선수들은 샴페인의 맛에 점점 익숙해지고 있었다.

절 대 포 기 하 지 말 라

애스턴 빌라 VS 리버풀 | 프리미어리그, 2019년 11월 2일 |

2019-20 시즌, 안필드에 원치 않는 기념일이 다가오고 있었고 위르겐 클롭은 이를 기념하기로 결심했다. 리버풀이 잉글랜드 최고의 팀이라고 마지막으로 자랑한 게 무려 30년 전의 일이었다. 너무 오랫동안 클럽의 목을 조여온 올가미는 해가 갈수록 점점 더 조여오고 있었다. 7명의 감독이 리버풀의 올가미를 풀기 위해 노력했지만 실패했다.

유럽 챔피언으로서 클럽의 역사 속 입지는 이미 보장되었지만, 프리미어리그 우승은 여러 번의 실패를 겪으며 30년간의 평범함을 견뎌온 리버퍼들리언들에게 더 큰 의미가 있을 것이었다.

이전 시즌 목표에 근접했던 그는 이제 맨체스터시티의 독주 체제를 깨는 데 집중하고 있었다. 2018-19 시즌에 클럽 기록인 승점 97점을 달성한 것만으로는 이를 뒤집기에 역부족이었다. 클럽은 2년간의 독주를 끝내기 위해서는 완벽에 가까운 시즌이 필요하다는 것을 알고 있었다.

새 시즌이 시작되자 리버풀은 8연승을 거두며 초반부터 선두를 달렸다. 맨체스터시티가 올려놓은 다소 높은 기준을 고려하여 실수의 여지는 최소화하고자 노력했고, 선수단은 최상의 컨디션이 아닐 때에도 좋은 결과를 만들어내겠다는 굳은 결의를 다졌다. 11월 첫 주말, 빌라 파크에 갔을 때 리버풀은 지금까지 단 한 번도 패배하지 않았고, 2위에 승점 6점을 앞서고 있었다.

하위권에 머물러 있는 애스턴 빌라를 상대로 승점 3점이 예상되었지만, 전반 중반에 리드를 잡은 애스턴 빌라는 경기 종료 직전까지 1-0으로 승기를 잡고 놓치지 않았다. 개막 후 몇 달 동안의 좋은 성과가 무산될 위기에 처한 것이다.

감독은 말했다. "이런 날에는 싸울 준비만 하면 됩니다. 전반전이 끝나자 우리가 잘못된 길로 가고 있다는 것을 깨달았고 그래서 변화를 주었죠."

하지만 경기 종료까지 3분밖에 남지 않은 상황에서 여전히 절망적이었다. 그때 레프트백 앤디 로버트슨이 갑자기 파 포스트에서 솟구쳐 올라 홈팀의 골문을 열었다. 그가 클럽에서 기록한 세 번째 골로, 그 중요성은 아무리 강조해도 지나치지 않았다.

아래
후반 막판, 동점골을
넣기 위해 파 포스트
에서 솟구쳐 오르는
앤디 로버트슨.

다음
승리로 가는 중요한
골을 넣고 포효하는
앤디 로버트슨.

감독은 말했다. "항상 모든 경기에서 이길 수 있다고 생각하지는 않지만 내 사전에 포기란 없습니다." 선수들도 마찬가지였다. 추가시간 4분 후, 사디오 마네가 모든 예상을 뒤엎고 승부를 결정짓는 골을 성공시키며 또 한 번 놀라운 역전극을 완성했다. 클럽은 기뻐했지만 흥분하지 않았다. "우리는 더 잘할 수 있다는 것을 알고 있었죠."

"하프타임에 한 골을 뒤진 상황에서 감독님이 무슨 말을 하실지 궁금해하며 라커룸으로 들어갔습니다. 그는 터치라인에서는 항상 흥분하는 편이지만, 휴식 시간에는 절대 그렇지 않습니다. 그는 침착함을 유지하며 몇 가지 간단한 지시 사항만 말했는데, 우리가 입은 흰색 원정 유니폼이 여전히 깨끗해 보인다는 점을 집중적으로 지적했습니다. 그가 대놓고 말하지 않았지만 우리는 그가 우리 플레이에 만족하지 않는다는 것을 알았죠. 우리는 지적을 받아들여 소매를 걷어붙이고 상황을 반전시켰습니다. 이 미묘한 관리 스타일 덕분에 우리는 최선을 다할 수 있었고, 감독님은 그 점을 잘 활용하는 분입니다. 이 클럽에서 그가 해낸 일과 그가 성취한 것은 이렇게 기록될 겁니다. 클롭은 단언컨대 가장 위대한 감독 중 한 명이라고요."

─앤디 로버트슨 | 리버풀 FC 수비수(2017-현재) |

넘겨받은 자리

리버풀 VS 맨체스터시티 | 프리미어리그, 2019년 11월 10일 |

펩 과르디올라 감독의 지휘 아래 맨체스터시티가 잉글랜드 축구의 지배자가 되겠다고 위협하고 있었다. 프리미어리그 연속 우승을 차지한 그들이 쉽게 왕좌를 내줄 리는 없었다. 이날은 시즌 중 가장 중요한 경기가 될 것이었다.

 디펜딩 챔피언 맨체스터시티는 리그 선두 리버풀에 승점 6점 차로 뒤진 채 안필드에 도착했다. 홈팀 리버풀이 승리하면 승점 차가 9점으로 늘어나며 목표에 한 걸음 더 다가갈 수 있고, 원정팀이 승리를 거두면 우려스러운 3점 차로 줄어들게 된다.

 두 팀의 라이벌 구도는 점점 격화되고 있었다. 맨체스터시티가 한 시즌 전 리버풀을 제치고 국내 우승을 따내긴 했지만, 리버풀이 챔피언스리그 우승컵을 홈으로 가져온 6월, 에티하드에서 안필드를 향해 부러움의 시선이 쏟아졌다. '클롭 대 펩'의 대결은 언론에 보도된

앤디 로버트슨을 저지하려고 나선 베르나르두 실바.

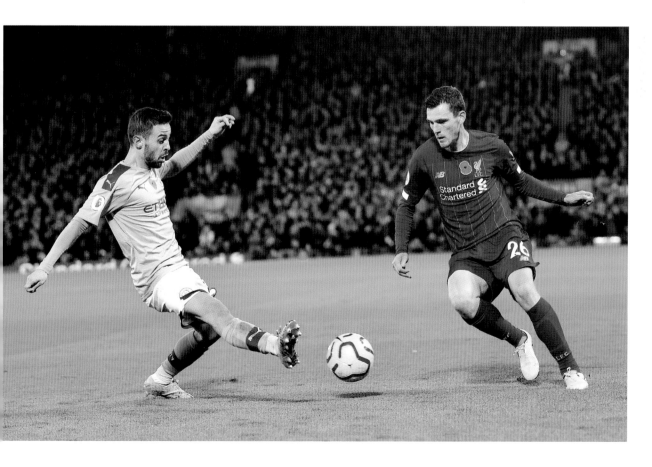

대로 축구계에서 가장 과장된 감독 대결이 되었고, 이 최신 에피소드는 사람들을 실망시키
지 않았다.

경기 시작 5분 만에 맨체스터시티는 페널티킥 어필이 기각되었고, 리버풀은 파비뉴의 거
침없는 23미터 강슛으로 재빨리 골을 터뜨렸다. 선취골을 뽑아낸 리버풀은 잠시 주춤했지
만, 몇 분 뒤 모하메드 살라의 헤더슛으로 무자비하게 점수 차를 늘렸다.

"맨시티를 상대로 이기고 싶다면 특별한 무언가를 해야 하고 우리는 강렬해야 했습니
다." 클롭은 후반전에도 빠른 템포를 이어갔다. 불과 6분 만에 사디오 마네가 3-0을 만들었
다. 갑자기 2018년 챔피언스리그 8강전이 다시 펼쳐진 것 같은 느낌이 들었다.

머리카락이 있었다면 과르디올라 감독은 좌절감에 머리카락을 죄다 뜯었을 것이다. 그
의 팀은 위로의 골을 넣기는 했지만 이미 승부의 추가 기운 뒤였다. 경기 후 클롭은 이렇게
말했다. "정말 대단한 경기였습니다. 맨시티가 마지막 15분 동안 더 많은 주도권을 잡기 시
작했을 때는 긴장감이 돌았지만, 우리 선수들은 75분 동안 믿을 수 없는 일을 해냈습니다."

이 승리로 리버풀은 맨체스터시티와의 격차를 벌렸을 뿐만 아니라, 지난 시즌 에티하드
에서 마지막 패배를 당한 후 리그에서 29경기 무패 행진을 이어갔다. 홈 팬들은 들떠 있었
다. 드디어 올해는 자신들의 시즌이 될 수 있다는 믿음이 관중석에 퍼져나갔다.

하지만 감독은 기뻐하면서도 흥분하지 않고 이 3점의 중요성을 강조하기 위해 최선을
다했다. "11월 초에 가서야 1등 하는 걸 누가 원하겠습니까? 5월부터 1등을 하는 것이 중요
하죠."

아직 시즌은 3분의 2가 남았고 치열한 일정이 기다리고 있었다. 하지만 선두를 달리고 있
는 상황에서 우승 타이틀은 리버풀의 것이 되어가고 있었다.

"위르겐의 팀은 우리를 한계까지 밀어붙였다. 사실이다. 그들은 우리의 최대 라이벌이자 최고의 적수였다. 여러 번 말했듯이 리버풀 없이 내 재임 기간을 정의할 수는 없다. 위르겐이 리버풀에 도착한 순간부터 리버풀이 진정한 경쟁자가 되리라는 걸 알았고, 그들은 다른 팀들과 확연히 다른 팀이 되었다. 솔직히 내가 축구선수라면 그의 선수가 되고 싶을 것 같다. 진심으로 그를 존경한다. 이런 유형의 성격과 카리스마는 독특하고 축구에도 이롭다. 그는 리버풀을 바꿨다. 선수들을 바꾸고, 사고방식을 바꾸고, 분위기를 바꿔야 했다. 리버풀은 필요한 시간을 그에게 주었고 그는 결과를 냈다. 그는 축구계에서 내 최고의 라이벌이다."

-펩 과르디올라 | 맨체스터시티 FC 감독(2016-현재) |

세 계 최 고 를 향 해

리버풀 VS CR 플라멩구 | FIFA 클럽 월드컵 결승전, 2019년 12월 21일 |

클럽 월드컵은 다양한 면에서 오랫동안 의견이 분분했다. 시즌 중 불필요한 시기에 열리는 화려한 친선 경기, 또는 모든 팀에게 정점이 되어야 하는 권위 있는 컵 결승전. 남아메리카에서는 이 대회가 가장 성스러운 대회로 여겨지지만, 유럽에서는 그렇지 않다. 하지만 어느 쪽에서 보든, 리버풀이 한 번도 우승하지 못한 트로피로 남아 있었다.

초창기에 리버풀은 출전조차 하지 않았다. 그러다가 결국 경쟁할 만한 가치가 있다고 판단되자 1981년과 1984년, 도쿄까지 지루한 여행을 마치고 귀국한 리버풀은 FIFA 클럽 월드컵은 쓸모없는 소란이라는 결론을 내렸다. 2005년에 이르러서야 조금 더 진지한 자세로 임하기 시작했고, 상파울루와의 결승전 패배는 큰 실망감을 안겨주었다.

리버풀의 사상 첫 세계 우승을 결정지은 호베르투 피르미누.

"브라질에서는 보통 바쁜 일정 속에서 토너먼트를 불편하게 여기는 영국과 달리 FIFA 클럽 월드컵 트로피를 매우 소중하게 여깁니다. 알리송, 파비뉴와 저는 플라멩구가 이번 결승전을 얼마나 진지하게 받아들이고 있는지 알고 있기 때문에 카타르에서 훈련이 끝난 후 감독님과 이야기를 나눴습니다. 항상 선수들의 말에 귀를 기울이는 감독님은 우리의 의견을 전적으로 받아들였고 나머지 스태프와 팀원들도 그 중요성을 알아주었습니다. 덕분에 큰 변화를 가져왔고, 제가 리버풀에 처음으로 우승컵을 안기는 결승골을 넣을 수 있었죠. 리버풀 유니폼을 입은 제 인생에서 멋진 기억 중 하나로 남을 겁니다. 위르겐, 첫날부터 저를 믿어주신 것에 대해 영원히 감사할 겁니다."

–호베르투 피르미누 | 전 리버풀 FC 공격수(2015–2023) |

2019년 카타르 대회는 과거의 잘못을 바로잡을 수 있는 기회였다. 잉글랜드 리그 시즌 중반에 열리는 일정이 마음에 들지는 않았지만, 클롭은 이 도전을 고대하고 있었다. "우리는 출전 자격을 얻었고, 선수들도 경기를 하고 싶어 했고, 클럽도 경기를 하고 싶어 했고, 나도 경기를 하고 싶었습니다. 그래서 우리가 여기 있는 것이니 이제 경기를 할 시간입니다."

결승에 진출한 팀은 리버풀과 플라멩구였다. 브라질 최대 클럽인 플라멩구는 1981년 리버풀을 대파(3-0)하고 우승한 적이 있었고, '레즈 트리오'(피르미누, 알리송, 파비뉴)에겐 당연히 고국의 팀과 경기한다는 의미가 더해졌다.

경기 당일 경기 전 미팅에서 클롭은 승리가 얼마나 중요한지 설명했고, 리버풀의 원정 경기를 둘러싼 자국 내 논란을 감안해 선수들에게 공격 정신을 고취시키려고 했다. 이 대회는 애스턴 빌라와의 리그컵 8강전과 겹쳤고, 리버풀의 세계 정복에 우선순위를 둔 클럽의 결정은 영국 축구 당국의 비판을 불러일으켰다.

그는 이렇게 말했다. "플라멩구는 이 대회에서 우승하여 영웅이 되어 돌아오라는 분명한

도하에서 열린 축하 행사에서 부주장 제임스 밀너와 농담을 나누고 있는 클롭.

FIFA 클럽 월드컵에 출전한 브라질 출신의 호베르투 피르미누와 알리송 베케르.

명령을 받고 이곳으로 왔습니다. 우리는 '집에 머물면서 카라바오컵이나 잘 치르라'는 말을 들었죠. 그건 엄청난 차이입니다. 우리는 그걸 바꿀 수는 없습니다. 네, 상황의 긴장감을 느끼고 있습니다. 하지만 우리는 여기에 왔고 대회에서 우승하고 싶습니다."

세계 최고의 팀이 될 기회는 자주 오지 않기 때문에 긴장감 넘치는 경기가 이어진 것은 당연한 일이었다. 연장전 9분, 피르미누의 침착한 슈팅으로 승부의 균형을 깨고 리버풀은 역사적인 승리를 거둘 수 있었다.

유럽 챔피언에 이어 세계 챔피언이 된 클럽은 자부심과 기쁨을 감추지 못했다. "오늘은 클럽과 우리와 함께한 모든 사람들에게 멋진 밤입니다. 정말 놀랍고 환상적인 기분입니다. 우리 선수들이 정말 자랑스럽습니다. 선수들은 계속 테스트를 받고 있으며, 현재 우리는 테스트에 테스트를 하나씩 통과하고 있습니다."

언젠가 "피비린내 나는 세계를 정복하겠다"던 빌 생클리의 오랜 야망이 마침내 실현되었고, 위르겐 클롭의 리버풀은 역사책에 이름을 올릴 만한 자격을 갖추게 되었다.

리더의 질주

레스터시티 VS 리버풀 ┃ 프리미어리그, 2019년 12월 26일 ┃

소위 전문가들에 따르면, 이날은 위르겐 클롭의 리버풀이 드디어 장애물을 만나는 밤이 될 거라고 했다. 리버풀이 리그 경기에서 패배한 지 12개월이 가까워지고 있었고, 사방에서 리버풀의 질주에 제동이 걸리기만을 간절히 기다리고 있었다.

카타르 도하에서 세계 클럽 챔피언으로 새롭게 등극하고 돌아온 지 24시간이 조금 지난 후, 리버풀은 이번 시즌 가장 힘든 고비 중 하나가 될 레스터시티와의 경기에서 타이틀 도전을 재개할 예정이었다.

4,800킬로미터를 비행하고 한 달 동안 이미 일곱 번의 경기를 치른 리버풀 선수들은 당연히 지쳐 있었다. 현재 승점이 10점이나 뒤져 있긴 하지만 순위표 바로 아래인 레스터시티를 상대로 승리를 지킬 수 있을지 의문이었다.

클롭은 선수들이 아드레날린을 뿜어내며 달려왔으니 휴식이 절실히 필요하다는 사실을 잘 알았다. 그래서 전통을 깨고 선수들에게 경기 전날 밤 호텔 대신 집에서 가족과 함께 크리스마스를 보내라고 주문했다. 모두에게 영감을 주는 결정이었다.

아래
박싱데이에 레스터시티의 제이미 바디와 경합 중인 조 고메즈.

다음
4-0으로 인상적인 승리를 거두는 동안 행운을 시험하고 있는 조던 헨더슨.

"그는 항상 앞으로의 여정에 도사린 잠재적인 장애물이나 함정을 알고 있는 것처럼 보였고, 카타르에서 큰 성과를 거둔 뒤에는 우리가 세계 챔피언이 된 것에 대해 정말 감사함을 표했습니다. 레스터시티 원정 경기가 무척 힘들 수도 있었지만, 그는 우리에게 휴식이 얼마나 필요한지 깨닫고 가족과 함께 집에서 크리스마스를 보낼 수 있도록 계획을 바꿨죠. 그런 작은 제스처는 정말 큰 의미가 있었어요. 그는 우리를 믿고 어른처럼 대했기 때문에, 모든 선수들이 항상 그를 위해 최선을 다하고 싶어 했습니다. 이런 면에서 그는 정말 훌륭한 리더였어요. 개인적으로도 그는 제게 감독 이상의 존재입니다. 그에게서 많은 것을 배웠죠. 가족을 제외하면 제 인생에서 그보다 더 영향력 있는 인물은 생각할 수 없습니다."

—조 고메즈 | 리버풀 FC 수비수(2015-현재) |

왼쪽 위
두 골을 넣은 호베르
투 피르미누의 어깨
를 감싸는 클롭 감독.

오른쪽 위
리버풀의 네 번째 골
을 넣은 조던 헨더슨,
함께 기뻐하는 앤디
로버트슨과 트렌트
알렉산더-아널드.

감독이 선수들에게 줄 수 있는 최고의 선물이었고, 그 차이는 확연히 드러났다. 리버풀은 모두의 예상과 달리 상쾌하고 활기찬 모습을 보였다. 선수들은 첫 휘슬이 울릴 때부터 경기를 지배하며 감독 재임 기간 중 최고의 원정 경기로 보답했다. 호베르투 피르미누의 골로 전반전을 1-0으로 앞섰지만, 그동안의 활약에 비하면 턱없이 부족한 점수였다.

후반전에는 리버풀이 정당한 보상을 받았다. 중반에 이르러 제임스 밀너, 호베르투 피르미누, 트렌트 알렉산더-아널드가 7분 동안 세 골을 터뜨리며 리버풀의 우위를 확정했다.

클롭은 "우리가 원하던 경기력이었습니다"라고 말했다. "조금만 덜 좋았으면 문제가 생길 수도 있었습니다. 선수들이 경기에 100퍼센트 집중한 것이 큰 도움이 되었죠. 우리는 집중했고 골은 정말 멋졌습니다. 우리에게 중요한 날입니다."

박싱데이에 이렇게 큰 리드를 잡은 팀이 프리미어리그에서 패배한 적은 없었다. 레스터시티의 브랜든 로저스 감독은 전에 자신이 이끌었던 리버풀에 이제 "약간의 변화가 올 것"이라고 인정했다. 아직 시즌의 절반도 지나지 않았지만, 대관식을 앞두고 붉은 리본과 흰 리본이 준비되고 있다는 이야기가 돌았다.

프로답게 클롭은 클럽의 그 누구도 아직 우승에 대해 언급하거나 생각조차 하지 않았다며 단호한 태도를 유지했다. "달라진 것은 숫자뿐이고 지금은 승점 13점입니다. 우리는 그걸 의식하지 않습니다. 그저 최선을 다해 준비할 뿐이죠. 숫자는 중요하지 않습니다."

그래도 위르겐 클롭에겐 수익성이 높은 레드 크리스마스였고, 그의 팀이 폴 포지션을 유지할 수 있다면 가장 큰 선물이 아직 남아 있었다.

클롭의 아이들 1

리버풀 VS 에버턴 | FA컵 3라운드, 2020년 1월 5일 |

위르겐 클롭은 젊은 선수들에게 기회를 주는 것을 두려워하지 않았지만, 이번 에버턴과의
FA컵 3라운드 홈 경기에서 선발 출전하는 11명의 명단은 팬들의 우려를 불러일으켰다.

　컵대회 초반에 선수단을 로테이션하는 것은 새로운 일이 아니었다. 안필드 부임 몇 달 만
에 클럽은 플리머스 아가일과의 경기에서 클럽 사상 최연소 선발 라인업을 내세웠다. 하지

경험이 부족한 젊은
리버풀이 FA컵에서
지역 라이벌을 상대
할 준비를 하고 있다.

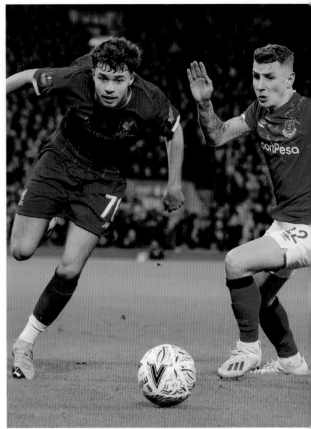

왼쪽 위
1-0으로 승리한 후 기뻐하는 클롭과 젊은 센터백 냇 필립스.

가운데 위
에버턴의 뤼카 디뉴를 추월하는 니코 윌리엄스.

오른쪽 위
에버턴전 승리의 골은 스카우서 커티스 존스의 꿈이 실현된 순간이었다.

만 이번 경기는 머지사이드 더비이기에, 다음 라운드 진출권 이상의 것이 걸려 있었다.

에버턴은 1999년 이후 안필드에서 단 한 번도 승리를 거두지 못했고, 리버퍼들리언들은 안필드에서 계속 승리하기를 원했다. 시선은 프리미어리그에 고정되어 있었지만, 지역 더비도 여전히 중요했다.

그러나 클롭은 그런 것에 휘둘리지 않았다. 그는 결국 교체를 단행하는 것 외에 다른 선택지가 없다고 판단했다. 자칫 역효과가 날 수 있는 모험임에도 그는 팀의 뎁스에 대한 자신감이 있었다. "리버풀의 선수가 되고 싶다면 클럽의 원칙을 존중해야 합니다. 우리는 항상 세계 최고의 축구를 할 수는 없지만 누구와도 맞서 싸울 수 있습니다."

클럽은 제임스 밀너와 조 고메즈만 놔둔 채 이전 리그 경기에 출전했던 선수 중 9명을 바꾸었다. 데뷔전을 치른 선수 2명, 10분 만에 출전한 선수 3명, 선발 출전 경험이 총 9경기에 불과한 선수 4명이 명단에 포함되었다. 리버풀 역사상 가장 어린 선수들로 구성된 팀은 아니었지만, 머지사이드 더비에서 가장 경험이 부족한 선수들로 구성된 팀에는 틀림없었다.

　반면, 에버턴의 카를로 안첼로티 감독은 최강 멤버 11명을 선발로 내세웠다. 그러나 그 효과는 나타나지 않았다. 클럽은 이렇게 설명했다. "경험이 많지 않은 선수들이 이런 무대에서 처음 뛰는 팀이 놀라울 정도로 좋은 경기를 펼쳤습니다. 정말 대단했죠"

　가장 경험이 많은 선수인 밀너를 부상으로 일찍 잃은 후에도 이 신인 리버풀 팀은 한 번도 흔들리지 않았다. 71분, 미드필더 커티스 존스가 승리에 결정적인 순간을 만들어냈다.

　리버풀 출신이자 클럽 아카데미 출신인 존스는 에버턴이 안필드에서 마지막으로 승리했을 때 태어나지도 않았다. 그는 당황하지 않고 오른발로 멋진 슈팅을 날려 1994년 로비 파울러 이후 머지사이드 더비의 최연소 득점자가 되었다.

　"모든 아이들이 너무 잘해서 이보다 더 자랑스러울 수 없었습니다. 매 순간이 정말 좋았어요. 감각적인 경기와 스카우서의 놀라운 골. 무엇을 더 바랄 수 있겠어요?"

　그의 선발 과정은 완전히 정당했으며, 이 도시 최고의 두 팀은 리버풀과 리버풀 리저브라는 전설적인 농담은 그 어느 때보다 진실에 가까웠다.

"어렸을 때부터 더비에서 뛰는 게 꿈이었는데 감독님이 아니었다면 더비에서 뛰지 못했을 겁니다. 몸이 아팠지만 약한 모습을 보이지 않으려고 감추고 있었는데 정말 다행이었어요. 그날 밤 젊은 선수들에게 '건방지게 굴지 말고 경기에 임하라'는 감독님의 조언은 제게 큰 힘이 되었습니다. 그 말을 염두에 두고 경기에 나가서 기회를 최대한 활용했어요. 감독님은 아카데미와 1군 사이의 간극을 메우는 데 큰 영향을 끼쳤고, 저는 항상 아버지처럼 그를 존경해왔습니다. 경기장 안팎에서 문제가 생길 때마다 항상 도와주셨죠. 제게 그는 완벽한 감독입니다."

–커티스 존스 ㅣ 리버풀 FC 미드필더(2019-현재) ㅣ

이제 여러분도 우리를 믿게 될 것입니다

리버풀 VS 맨체스터 유나이티드 | 프리미어리그, 2020년 1월 19일 |

엄청난 깨달음의 순간이었다. 지난 30년 동안 억눌려 있던 감정이 한꺼번에 터져 나온 날이었다.

　이번 경기는 남은 경기 중 리버풀의 우승 행진에 찬물을 끼얹을 가능성이 가장 높은 경기로 여겨졌다. 시즌 초반 리버풀은 올드 트래퍼드에서 유일하게 승점을 획득하지 못했다. 그리고 맨체스터 유나이티드는 역사적인 적대 관계로 인해 다시 한번 적을 무너뜨리기 위해 안간힘 쓸 것으로 예상되었다.

맨체스터 유나이티드를 상대로 리버풀을 선두로 이끌기 위해 뛰어오르는 버질 판데이크.

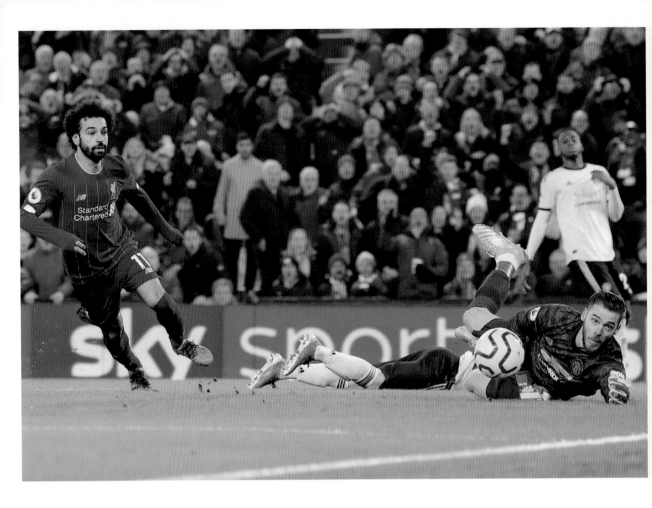

모하메드 살라의 골
로 승리를 확정하고
리버풀은 선두를 지
켰다.

클럽과 선수들은 이 승리의 의미를 잘 알고 있었다. 버질 판데이크의 헤더슛으로 전반전을 리드했지만, 마지막까지 긴장을 늦출 수 없었다. 알리송 베케르가 길게 클리어링을 하자 모하메드 살라가 그 공을 받아 골문을 향해 쇄도했고, 리그에서 가장 많은 득점을 기록한 그는 자신이 가장 잘하는 슛으로 보는 이들의 환호성을 자아내며 승점을 결정지었다.

"큰 안도감을 느꼈습니다." 클럽은 인정했다. "많은 사람들의 꿈을 책임진 훌륭한 선수들입니다. 특히 전반전에는 우리가 경기를 지배했습니다. 선수들이 경기장에서 보여준 에너지는 정말 대단했어요. 그리고 마지막에 멋진 골을 넣었으니 정말 기분이 좋았죠."

살라의 골이 골대 뒤편에 꽂힌 지 몇 초도 지나지 않아, "이제 우리를 믿으세요, 우리는 리그에서 우승할 겁니다"라는 구호가 빠르게 커져가며 그라운드 사방에서 울려 퍼졌다. 메시지는 크고 분명했다.

"저렇게 노래할 수 있다니." 클럽은 감정을 억누르려고 애쓰며 말을 이었다. "저는 그들에

게 노래하라고 지시하기 위해 여기 있는 것이 아닙니다. 팬들이 지금 기분이 좋지 않다면 정말 이상할 겁니다. 물론 팬들은 꿈을 꿀 수 있습니다. 하지만 우리는 아직 그 파티의 일부가 되지 않을 겁니다."

서포터들은 이제 리버풀이 챔피언이라는 사실을 알고 있었다.

이제 '만약'이 아니라 '언제'의 문제였지만, 클럽은 그런 이야기를 받아들이지 않았다. "우리는 일하러 왔습니다. 간단합니다. 매우 긍정적인 분위기이지만 집중력을 유지해야 합니다. 우리만 빼고 모두가 축하하는 분위기를 즐기면 됩니다."

모든 희망, 모든 불안, 모든 의심 끝에 마지막 큰 장애물을 넘고 결승선이 눈앞에 다가왔다. 맨체스터 유나이티드와의 경기에서 승리한 리버풀은 프리미어리그 순위표 선두를 지켰다.

적어도 팬들에게는 미신의 족쇄가 마침내 풀린 것이나 다름없었다. 위르겐 클롭의 팀은 우승을 향해 직진했고, 자멸만 하지 않는다면 누구도 그들을 막을 수는 없었다.

"위르겐 클롭은 리버풀의 감독이 되기 위해 태어난 것처럼 보였습니다. 클럽과 이토록 즉각적인 관계를 맺은 사람은 거의 없습니다. 클럽은 슈퍼스타를 영입하는 대신 슈퍼스타로 구성된 팀을 만들었습니다. 그는 리버풀을 유럽 최고의 클럽 중 하나로 재건했지만, 저 역시 잘 알고 있듯이 가장 중요한 것은 프리미어리그 우승이었습니다. 오랜 기다림을 끝내야 한다는 부담감이 엄청났지만, 그가 모은 선수단은 이를 해낼 수 있는 운명이었습니다. 2019-20 시즌 초반부터 리버풀은 잠재적인 우승 후보였고, 안필드에서 맨체스터 유나이티드를 상대로 거둔 승리는 의심이 마침내 확고한 믿음으로 바뀌는 결정적인 순간이었죠. 리버풀은 역대 최고의 팀 중 하나이고, 새로운 세대에게 큰 기쁨을 선사했습니다. 클럽은 리버풀의 성공을 통해 사람들을 행복하게 만들었을 뿐만 아니라 그들의 삶을 변화시켰습니다."

−제이미 캐러거 | 전 리버풀 FC 수비수(1996-2013) |

다시 정상에 오르다

프리미어리그 챔피언에 등극한 리버풀 | 2020년 6월 25일 |

단 하룻밤 동안만 첼시의 파란색은 붉은색이었고, 리버풀을 좋아하는 사람들은 모두가 첼시를 응원했다. 리버풀이 30년 만에 잉글랜드 챔피언에 오르는 데 불과 몇 시간밖에 남지 않았다. 공을 차지 않고도 챔피언이 될 수 있는 상황이었다. 모든 시선이 스탬퍼드 브리지에 쏠렸다. 맨체스터시티가 첼시에 패배하면 안필드에 우승컵을 내줄 수 있는 상황이었다.

마침내 클럽 역사상 가장 중요한 순간이 될 수 있다는 것을 직감한 위르겐 클롭은 선수단과 코칭스태프 전체를 도시 외곽에 위치한 폼비 홀 골프 리조트에 모이도록 했다. 그곳에서 바비큐와 음료를 즐기며 TV로 경기를 시청하고 함께 축하할 수 있게 하기 위해서였다.

"우리는 우리가 옳다고 생각한 일을 했습니다." 클롭은 이렇게 회상했다. "이 순간은 영원히 지속될 것이고, 무슨 일이 생기면 서로에게 전화해서 '오, 축하해'라고 말해야 하는데… 그게 쉬운 일은 아니죠."

지난 몇 달 동안 세상은 헤아릴 수 없을 정도로 변했고, 코로나19 팬데믹으로 인해 축구를 포함한 모든 것이 일시적으로 멈췄다. 2020년 3월 말 국가 봉쇄령이 내려졌을 때 리버풀은 승점 3점만 더 보태면 오랫동안 꿈꿔왔던 우승을 확정지을 수 있는 상황이었다.

불확실성이 큰 시기에는 한동안 시즌이 취소될 것이라는 이야기까지 나왔다. 걱정스러운 시기였다. 다행히도 제한 조치가 조금씩 완화되고 일상이 어느 정도 정상으로 돌아오기 시작하면서 6월 중순에 프리미어리그가 재개되었다.

"봉쇄 조치에 들어갔을 때는 사실 별생각이 없었습니다. 하지만 사람들이 리그 무효화에 관해 이야기하기 시작하자 걱정되기 시작했죠. 놀랍다는 생각이 들었고 정말 몸으로 느꼈습니다. 정말, 정말, 정말 힘들었어요. 경기당 득점수(PPG)를 기준으로 하는 건 원치 않았기 때문에 다시 경기를 할 수 있다는 결정이 내려졌을 때 정말 기뻤습니다."

무관중 경기는 분명 낯선 경험이었지만 마무리해야 할 타이틀이 있었다. 복귀 첫 경기는 에버턴과의 원정 경기로 무득점 무승부로 끝났다. 그리고 첼시가 맨체스터시티를 홈으로 불러들이기 전날 밤, 클롭의 팀은 안필드에서 크리스털 팰리스를 4-0으로 완파했다.

2월 말 왓퍼드 원정에서 시즌 첫 리그 패배를 당하는 등 코로나 사태 이전 잠시 흔들렸던

리버풀이 다시 승리로 돌아선 것은 클럽에게 만족스러운 일이었다. 더욱 인상적인 것은 승리를 거둔 스타일이었다.

클럽은 팰리스전 승리에 대해 이렇게 소감을 밝혔다. "우리 선수들이 경기장에 있는 모든 사람인 것처럼 경기했기 때문에 이보다 더 좋을 순 없다고 생각했습니다. 경기장 분위기는 정말 대단했습니다. 제가 본 경기 중 최고의 역습 경기였죠. 선수들의 컨디션도 좋고 분위기도 좋았습니다. 우리가 아직 여기 있다는 것을 보여주는 것이 중요했고 지체하고 싶지 않았어요. 매우 기뻤고, 우리가 잘 해낼 수 있을 거라는 100퍼센트의 확신이 들었습니다."

실제로 경기를 치러서 우승컵을 들어 올리면 좋았겠지만, 축구장 밖에서 벌어지고 있는 모든 일과 오랜 기다림을 생각하면 지금 중요한 것은 임무를 완수하는 것이었다. 그래서 6월 말의 무더운 여름 저녁, 감독과 선수들은 안필드에서 21킬로미터 떨어진 호텔 야외 파티오에 모여 자신들의 운명이 눈앞에 펼쳐지는 것을 지켜볼 준비를 했다.

옆
마침내 프리미어리그 챔피언! 축하할 준비를 하고 있는 파비뉴, 피르미누, 아드리안.

아래
리버풀이 2019-20 프리미어리그 챔피언으로 확정되자 기뻐하는 버질 판데이크.

챔피언 깃발을 자랑
스럽게 들고 있는 클
롭과 선수들.

"정말 편안하게 시작했습니다. 다른 경기도 있었기 때문에 우리는 한 눈으로 경기를 지켜
봤죠. 바비큐를 먹고 있는데 첼시와 맨체스터시티의 경기가 시작됐어요. 첼시가 첫 골을 넣
었고 평소 우리가 득점할 때만 보던 환호성이 터져 나왔죠."

전반 36분 크리스티안 풀리시치의 골을 환영하는 환호성이 평온한 분위기를 깨뜨렸지
만, 클롭은 선수들의 반응이 안타까웠다. "아직은 일렀죠. 상대는 맨체스터시티인데 벌써부
터 이렇게 축하해야 되겠어요?"

후반전 시작 10분 만에 케빈 더 브라위너가 동점골을 터뜨리자, 기세가 맨체스터시티 쪽
으로 기울기 시작했다. 샴페인은 다시 얼음장처럼 차가워졌다. 경기가 계속되면서 긴장감
이 고조되었고 홈팀이 공격할 때마다 머지사이드의 데시벨 레벨이 높아졌다.

첼시의 슛이 라인을 넘었는지 여부에 대한 논란이 있었다. 주심은 그렇지 않다고 판정했
지만, 골 에어리어에서 공이 수비수 손에 맞은 것으로 보였고 VAR이 개입했다.

2분간의 지연 후 심판이 첼시의 페널티킥을 선언하자 모든 리버풀들리언들이 숨을 죽였
다. 윌리안이 슛을 날렸다. 그는 슛을 시도하는 과정에서 약간 더듬었지만, 실수 없이 오른
발 슈팅으로 골키퍼를 제치고 골을 넣었다. "페널티킥이 들어가고… 축하하고… 그리고 남
은 시간을 세기 시작했죠. 정말 놀라웠어요"라고 클롭은 회상했다.

12분이 남았지만, 맨체스터시티는 되돌릴 방법이 없었다.

"경기 종료 10초 전 가족들에게 전화를 걸어 '사랑해. 이제 휴대폰을 테이블 위에 올려놓
을 테니 무슨 일이 일어나는지 볼 수 있을 거야'라고 말했죠"

스탬퍼드 브리지에서 마지막 휘슬이 울리자 폼비 홀이 폭발했다. 도시 전역에서 자동차 경적이 쉴 새 없이 울리고 폭죽들이 밤하늘을 빠른 속도로 수놓았다. 마치 새해 전야에 자정을 알리며 시계가 울리는 것 같았지만 리버퍼들리언들에게는 훨씬 더 큰 의미가 있는 순간이었다. 오랫동안 예상해왔던 것이 이제 오피셜이 되었다.

리버풀 축구 클럽은 기록적인 7연승으로 2019-20 프리미어리그 챔피언이 되었고, 클럽은 감격했다. "제 축구 인생 최고의 순간 중 하나였습니다. 정말 대단한 순간이었죠."

"그 순간이 오기 전에는 어떤 기분일지 상상도 못 할 겁니다. 기쁨과 안도감이 가득 찼고 그다음 순간 울기 시작했죠. 아내와 통화를 하는데도 말을 할 수 없었고, 그냥 울기만 했어요. 왜 그런 일이 일어났는지 이유를 몰랐고, 멈출 수 없었죠. 제 인생에서 울음을 멈출 수 없고 그 이유를 정확히 알 수 없었던 건 그때가 처음이었습니다."

눈물이 마르자 클럽은 이 순간이 얼마나 대단한 순간인지 잠시 생각에 잠겼다. 그는 7명의 전임자들이 실패한 곳에서 성공을 거두었고, 일부 팬들이 다시는 볼 수 없을 거라고 우려했던 리그 우승을 향한 클럽의 30년에 걸친 길고 힘든 기다림에 종지부를 찍었다. 이제 그의 이름은 클럽 역사상 가장 위대한 감독들처럼 존경받는 어조로 영원히 회자될 터였다. 무엇보다 그의 팀은 놀라운 스타일로 새 역사를 창조해냈다.

"상당한 성과이지만 전반적으로 안도감을 느꼈습니다. 3개월이라는 큰 공백 때문에 리그가 어떻게 흘러갈지 예측이 어려웠거든요. 프리미어리그에서 쉬운 경기란 없습니다. 지금이 중요한 순간입니다. 솔직히 할 말이 없어요. 완전히 압도당했어요. 이런 기분일 줄은 몰랐습니다. 전혀 몰랐어요. 선수들과 코칭스태프가 정말 자랑스럽습니다. 정말 놀라운 여정이었습니다. 그리고 팬 여러분, 이건 여러분을 위한 것입니다. 우리는 함께 해냈고 그래서 기쁩니다. 제가 꿈꿔왔던 것 이상입니다."

미디어 업무가 끝난 뒤에는 술에 취해 흥겨운 축하의 밤이 이어졌다. 클럽과 선수들은 모두 '챔피언스 2019/20'이라고 적힌 빨간색 홈 셔츠를 입고 밤이 깊도록 노래 부르고 춤을 췄다. 모든 것이 다시 제자리로 돌아왔고 위르겐 클롭에게 남은 일은 단 한 가지뿐이었다.

다음 날, 이른 시간이었지만 그는 마지막 전화를 걸었다. 1990년대에 리버풀 왕조를 끝내버린 바로 그 사람에게. "여보세요, 알렉스 경이신가요?"

새벽 3시 30분, 클럽은 전날 밤 전화를 받지 못한 전 맨체스터 유나이티드 감독에게 새로운 프리미어리그 챔피언의 정체를 부드럽게 알려주는 게 좋겠다고 생각했다.

"리버풀은 클롭의 부임으로 운이 좋았다고 생각한다. 클롭은 '일생에 한 번뿐인' 감독이다. 리버풀의 토대는 생클리의 열정에서 비롯되었고, 클롭은 그 열정뿐만 아니라 개성과 존재감도 많이 가지고 있다. 그는 클럽에 큰 단합을 가져왔고, 팀에 즐거움을 선사했으며, 포기하지 않겠다는 결의를 보여주었다. 30년 만에 우승을 차지할 때까지 우승에 대한 요구가 정말 컸을 것이다. 나 역시 맨체스터 유나이티드에서 같은 압박감을 느꼈다. 우린 친구 사이라서 그에게 연락을 취해 메시지를 남겼더니 새벽 3시에 전화가 왔다! 그는 좋은 밤을 보냈다며 메시지를 보내줘서 고맙다고 했다. 아마 그는 그때가 몇 시인지 몰랐을 거라고 생각한다. 믿을 수 없는 짓이었지만 적어도 전화는 걸어주었으니 용서하기로 한다!"

−알렉스 퍼거슨 | 전 맨체스터 유나이티드 감독(1986-2013) |

"1990년에 누군가가 리버풀이 30년 동안 다시 챔피언이 되지 못할 거라고 말했다면 비웃음을 샀을 것이다. 가뭄을 끝내기 위해서는 특별한 사람이 필요했고 위르겐이 바로 그 사람이었다. 스카우서로 받아들여지며 서포터들의 공감을 산 그는 클럽에 들어온 순간부터 리버풀의 모든 것을 상징하는 긍정성을 보여주었다. 그 밤은 그가 감독이 된 이후 노력해온 모든 것의 정점이었고, 그 누구도 그와 그의 팀이 인정받는 그 순간을 배 아파할 수 없었다. 그날 밤 텅 빈 응원석에 서 있는 것이 초현실적으로 느껴졌지만 프리미어리그 트로피를 수여해달라고 요청받은 것은 영광이자 특권이었다. 위르겐이 누구보다 흥분했던 게 기억에 남는데, 그럴 만도 했다. 그가 임명되었을 때 나는 '안전벨트를 매고 이륙을 준비하라'고 말했는데, 틀린 말이 아니었다. 그는 우리를 멋진 여행으로 인도했다. 당케, 위르겐."

–케니 댈글리시 | 전 리버풀 FC 감독(1985-1991 & 2011-2012) |

대관식

리버풀 VS 첼시 | 프리미어리그, 2020년 7월 22일 |

그 어느 때와도 비교할 수 없는 한 시즌 절정의 순간이었다. 영광스럽고 잊을 수 없는 캠페인이었다. 경기장 밖에서 벌어진 일들은 전례 없는 일이었고, 결국 드라마를 더했다. 30년이라는 긴 세월이 흐른 후 리버풀은 영국 축구의 명실상부한 왕좌를 되찾았고, 그 노력에 대한 최고의 보상을 받으려는 순간이었다.

선수들이 보통 시즌 전 훈련에 복귀하는 시기인 7월 말이었지만, 이 새로운 챔피언은 마지막 홈 경기를 앞두고 있었다. 위르겐 클롭은 "마치 크리스마스와 비슷했다"고 설명했다. "매우 중요한 날이고, 저희는 매우 흥분하고 있습니다."

실제 경기는 메인 이벤트의 사이드 쇼에 지나지 않았다. 리버풀은 전반전까지 3골 차로 앞서다가 후반전 첼시의 추격으로 파티를 망칠 뻔했지만, 여기까지 오기 위해 열심히 노력한 클럽과 그의 선수들은 절대 그런 일이 일어나지 않도록 했다. 결국 경기는 5-3으로 마무리되었다.

다른 때 같았으면 게임의 질에 대해 길게 논의했을 텐데, 가장 중요한 것은 다음 단계였다.

1990년 5월 안필드에서 앨런 핸슨의 활약으로 퍼스트 디비전[프리미어리그의 전신] 우승을 차지한 이후 리버풀 팬들이 꿈꿔온 순간이었다. 우승 타이틀이 없었던 30년 동안 그 누구도 우승 가뭄이 이렇게 끝날 것이라고는 상상하지 못했을 것이다.

한여름의 텅 빈 경기장, 응원석에 특수 제작된 무대, 메달을 수여하는 사람들의 의무적인 마스크 착용. 하지만 마침내 안필드에서 손잡이에 빨간색과 흰색 리본이 묶여 있고 리버풀의 이름이 새겨진 그토록 고대하던 프리미어리그 트로피를 보는 것은 눈물나게 반가운 일이었다.

리버풀을 우승으로 이끈 마지막 감독인 클럽의 전설, 케니 댈글리시가 시상자로 선정되었다. 이 소중한 순간을 함께할 서포터스가 경기장 안에 없다는 사실이 안타까웠지만, 조던 헨더슨이 마침내 우승 트로피를 높이 들어 올리자, 지난날의 모든 고통이 감동의 물결에 씻겨 내려가면서 기쁨의 눈물만 쏟아져 나왔다.

클럽은 말했다. "정말로 그들(서포터스)을 위해 해낸 일입니다. 우리는 여기서 외로이 축하하고 있지만, 모두가 집에서 우리와 함께 축하하고 있다는 것을 알고 있습니다. 멋진 순간이고 정말 멋진 순간입니다. 이 클럽과 함께 챔피언이 된 것은 정말 놀라운 일입니다. 리버풀

왼쪽 위
프리미어리그 우승 트로피 수여식에 앞서 클럽에게 축하의 말을 전하는 케니 댈글리시.

오른쪽 아래
함께 프리미어리그 우승을 자축하는 클롭과 백룸 팀.

의 감독이 된 것은 큰 영광입니다. 순전히 운이라고 생각합니다. 하지만 프리미어리그 우승에 대한 책임감이 있었고, 이 순간 그 책임감은 분명히 제 어깨에서 떨어졌습니다."

안필드의 어둠 속에서 찬란한 빛을 발하며 축하 행사가 이어졌다. 여러 가지 이유로 결코 잊을 수 없는 시즌의 절정을 장식한 기억에 남는 순간이었다.

진정한 보스 1

위르겐 클롭, 2019-20 올해의 감독에 선정되다

위르겐 클롭만큼 축구가 팀 게임이라는 것을 잘 대변하는 사람은 없다. 개인적 영예가 그의 어깨를 가볍게 하지는 않는다. 하지만 2019-20 시즌 리버풀의 놀라운 트리플 트로피 획득을 이끈 후, 클롭에게 또 다른 영광이 찾아왔고 이보다 더 적합한 수상자는 없을 터였다.

그의 팀이 뉴캐슬전에서 시즌 32번째 리그 승리를 기록하면서 장대한 캠페인의 막을 내린 지 24시간 만에, 클롭이 리그 감독 협회(LMA)로부터 올해의 감독으로 선정된 것은 놀라운 일이 아니었다. 최고의 시즌을 보낸 그에게 이 상은 다른 누구에게도 주어질 수 없는 상이었다. 리버풀의 가장 열렬한 라이벌을 추종하는 팬들도 그의 수상에 아쉬워하지 않았을 것이다. UEFA 슈퍼컵, FIFA 클럽 월드컵, 프리미어리그 우승 트로피와 어깨를 나란히 할 수 있는 트로피였기에 그는 기꺼이 수락했다.

"리그 감독 협회 올해의 감독상 수상자로서, 제가 정말 존경하는 분의 이름을 딴 알렉스 퍼거슨 경 트로피를 받게 되어 정말 기쁩니다."

클롭의 팀은 승점 99점으로, 2위 맨체스터시티를 18점 차로 따돌리고 클럽 신기록을 세웠다. 리버풀의 지휘봉을 잡은 이후 5시즌 동안 클럽이 보여준 놀라운 성과는 안필드의 모든 이들에게 충분히 인정받았고, 클럽에 대한 존경심은 이제 과거에 *그가* 모방했던 몇몇 유명 인사들에게만 허락된 수준에 이르렀다.

"빌 섕클리, 밥 페이즐리, 조 페이건, 케니 댈글리시, 최근의 브랜든 로저스 등 리버풀의 감독들을 비롯해 역대 리그 감독 협회 올해의 감독들과 함께 하게 되어 영광입니다."

그는 리버풀의 성공에 도움을 준 모든 이들의 보이지 않는 공헌에 주목함으로써 자신에게 쏠리는 찬사를 다른 곳으로 돌리고 싶어 했다. "저는 코치들을 대표해 이 자리에 섰습니다. 그들은 저를, 우리를 정말 특별한 축구 집단으로 만들어주었고 저는 그들과 함께 일하는 것을 좋아합니다. 정말 즐거운 일이죠."

"올해 우리의 우승은 많은 훌륭한 사람들이 있었기에 가능했습니다. 선수들, 함께 일하는 모든 분과 함께 이 트로피를 들고 싶습니다. 정말 감사합니다. 아주 특별한 시즌을 보내고 특별한 상을 받게 되었네요. 이 상을 받게 되어 정말 영광입니다."

다음
클럽의 멜우드 훈련장에서 상을 들고 포즈를 취하는 2019-20 올해의 감독.

"위르겐이 전화해서 클럽으로 돌아오라고 했던 순간을 절대 잊지 못할 겁니다. 그는 '우리 함께 세계를 정복합시다'라고 말했죠. 저는 그게 진심이라고는 생각하지 않았지만 2019-20 시즌, 결국 우리의 꿈이 이루어졌습니다. 모두가 간절히 원하던 우승 트로피도 가져왔고요. 그 시즌의 성공에는 한계가 없었고 위르겐은 당연히 올해의 감독으로 선정되었습니다. 지난 20년 동안 위르겐처럼 한 시대를 정의하는 축구 스타일을 개발한 감독은 극소수에 불과합니다. 제게 위르겐은 형제이자 친구, 멘토이며 좋은 추억을 많이 가지고 있습니다. 그는 항상 '내가 어떤 사람인지, 들어올 때 받는 평가보다 나갈 때 받는 평가가 중요하다'고 말했습니다. 위르겐은 리버풀의 정체성을 완전히 바꿔놓았습니다. 그는 우리 시대의 생클리입니다."

―페페인 레인더르스 | 전 리버풀 FC 아카데미 코치(2014-2015),
엘리트 개발 코치/1군 코치(2015-2017), 수석코치(2018-2024) |

멘 탈 리 티
몬 스 터

2020 – 2022

레드와 블루의 맞대결

에버턴 VS 리버풀 | 프리미어리그, 2020년 10월 17일 |

30년 만에 디펜딩 챔피언으로 리그 2020-21 시즌을 시작한 리버풀 감독 위르겐 클롭과 선수들은 우승 트로피를 다시 거머쥐고 싶어 안달이 나 있었다.

시즌 개막일, 1부 리그로 승격한 리즈 유나이티드와의 홈 경기에서 4-3으로 짜릿한 승리를 거둔 리버풀에게 모하메드 살라의 해트트릭은 리그 3연승의 하이라이트 장면이었다. 세 명의 주목할 만한 뉴페이스가 전력을 강화했다. 바이에른 뮌헨의 미드필더였던 티아고 알칸타라와 울버햄프턴 원더러스의 포르투갈 공격수 디오구 조타, 그리고 여름에 일찍 영입한 그리스 풀백 코스타스 치미카스였다.

언뜻 보기에 리버풀은 라이벌에게 왕좌를 쉽게 빼앗기지는 않으리라는 경고를 보내고 있었다. 하지만 코로나19 제한 조치로 인해 경기는 여전히 무관중으로 치러지고 있었다. 경기장은 예전 같지 않았고, 얼마 지나지 않아 클롭과 리버풀은 그 영향을 체감하게 되었다.

몸을 사리던 리버풀은 10월 초 애스턴 빌라에게 7-2로 대패하고 말았다. 57년 만에 당한 최악의 패배였기에, 많은 이들이 경기 결과에 놀랄 수밖에 없었다.

리버풀 선수들은 클롭이 원하는 방식으로 에버턴의 강한 압박에 맞서 자신들을 증명할 준비가 되어 있었다. 3분 만에 사디오 마네가 선취골을, 후반 중반 모하메드 살라가 쐐기골

왼쪽 아래
텅 빈 구디슨 파크에서 에버턴 골문을 향해 헤딩하는 조던 헨더슨.

오른쪽 아래
최근 영입한 디오구 조타에게 조언을 건네는 클롭.

옆
에버턴전에서 3분 만에 리버풀의 선취골을 넣은 사디오 마네.

시즌을 마감하게 만든 부상으로 치료받고 있는 판데이크.

을 넣었다. 클럽은 이렇게 평가했다. "경기력 면에서 매우, 매우 만족스럽습니다. 감독을 시작한 이래 최고의 원정 경기였어요."

하지만 논란의 여지가 있는 두 번의 VAR 판정으로 인해 리버풀은 마땅히 얻어야 할 승리를 얻지 못했다. 클럽은 조던 헨더슨의 후반 추가시간 득점이 인정되지 않은 것과 버질 판데이크가 전반전에 입은 심각한 무릎 부상으로 인해 남은 시즌에 큰 영향을 미칠 수 있는 판정에 화가 났다. 클럽은 에버턴의 골키퍼 조던 픽퍼드가 무모한 돌진으로 레드카드를 받았어야 한다고 생각했지만, VAR은 오프사이드로만 판정했다. 클럽은 경기가 끝난 후 "우리는 VAR이 개입되지 않은 상황에서 판데이크를 잃었고, 레드카드 상황에서 다른 선수는 합당한 골을 넣었지만, 득점으로 인정되지 않았다"며 아쉬워했다. "내가 보기엔 오프사이드가 아니었지만 누군가는 오프사이드로 판정했다."

마지막에 승점 2점을 빼앗긴 것도 실망스러웠지만, 클럽을 가장 화나게 한 것은 수비진의 부상이었다. 그의 주전 수비수는 무릎 인대가 손상되어 수술이 필요했고, 남은 시즌을

"위르겐의 감독으로서의 자질과 위상을 이야기하자면, 그는 안필드를 거쳐 간 다른 위대한 감독들과 어깨를 나란히 한다고 말할 수 있습니다. 그는 리버풀을 최고의 팀으로 재건했고, 국내외에서 리버풀을 다시 정상의 자리에 올려놓았습니다. 첫 시즌부터 그는 클럽을 어떻게 발전시킬 것인지에 관한 명확한 계획을 갖고 있었죠. 그의 설명을 듣고 나서, 나는 진심으로 '와, 이 감독은 진짜 슈퍼스타군!' 하고 생각했습니다. 당시 리버풀의 모습과 그가 감독으로 재임하는 동안 겪은 변화를 떠올리면 정말 모든 게 대단했습니다. 그는 많은 것을 얻기도 하고 잃기도 했지만, 무엇보다 즐거운 여정이었고 이 모든 것은 그의 가장 큰 유산이 될 겁니다."

—로비 파울러 | 전 리버풀 FC 스트라이커(1993-2001 & 2006-2007) |

뛰지 못하게 되었다.

판데이크의 치료실에는 동료들이 문전성시를 이루었다. 판데이크의 부상은 도미노 효과를 일으켜서 리버풀 선수들이 곧 파리처럼 쓰러지기 시작했다. 클럽은 감독 경력 중 가장 큰 부상 위기에 직면하게 되었다.

충격적인 패배

리버풀 VS 번리 | 프리미어리그, 2021년 1월 21일 |

잉글랜드와 유럽 축구의 철옹성 같은 요새였던 안필드는 2020-21 시즌에 들어서면서 예전의 모습을 찾아볼 수 없었다. 한때 전 세계를 제패했던 위르겐 클롭의 팀이 어려움을 겪은 것은 결코 우연이 아니었다.

물론 이번 시즌 리버풀이 고전한 데에는 다른 요인도 있었다. 버질 판데이크의 무릎 부상으로 시작된 연이은 부상으로 인해 결국 23명의 선수가 번갈아 전열에서 이탈하게 되었다.

최근 몇 년 동안의 노력도 선수들에게 타격을 주기 시작했다. 팀은 오랫동안 최고 수준에

호베르투 피르미누가 번리 수비진을 뚫기 위해 헛된 시도를 하고 있다.

리버풀의 리그 무패
행진을 끝낸 번리의
공격수 애슐리 반스

오른쪽 위
리버풀이 홈에서 깜
짝 패배를 당한 후,
실의에 빠진 선수들
을 위로하는 클롭.

서 일관되게 전력을 쏟아부었다. 체력 고갈로 인한 부진이 어느 시점에 찾아오리라는 것을 예상하지 않을 수 없었다.

하지만 경기장 안의 응원 부족도 큰 역할을 했다는 것은 누가 보더라도 알 수 있었다. 팬이 없는 축구는 아무것도 아니라는 옛 격언이 있듯이, 리버풀 팬들에게는 응원단 부재로 인한 사기 저하가 확연히 눈에 보였다.

안필드 관중들의 독특한 광경과 소리가 없다면 감독이나 선수들이 힘을 낼 수 있는 동력에 한계가 있다. 모든 구장의 모든 팀이 마찬가지라고 주장할 수도 있겠지만, '12번째 선수'가 팀을 위기에서 구하는 서사는 그 어느 클럽보다 리버풀에는 당연한 일이었다.

2021년 1월, 리버풀이 프리미어리그 홈 경기에서 마지막으로 패한 지 4년이 다가오고 있었다. 이는 68경기라는 놀라운 기록이었다. 클럽의 팀은 지난 6개월 동안 무관중 경기 중에

도 홈 경기 무패라는 자랑스러운 기록을 유지했다. 하지만 팬들의 응원이 절실히 필요한 때가 있다면 바로 지금이었다.

2021년이 시작될 무렵까지만 해도 1위를 달리던 챔피언은 슬럼프에 빠져 있었다. 리그에서 5경기 무승, 3경기 무득점을 기록하며 자신감이 급격히 떨어지고 있었다. 안필드의 다음 상대는 하위권 팀인 번리였고, 무적의 리버풀을 번리가 위협할 것이라고는 아무도 예상하지 못했다. 그러나 경기 종료 7분 전, 애슐리 반스의 페널티킥으로 번리의 역사적인 승리가 확정되자, 클롭의 고통은 더욱 극심해졌다.

2017년 4월 이후 클롭이 홈에서 처음으로 겪은 패배였다. 클롭은 "얼굴에 엄청난 펀치를 맞은 듯"했다고 표현했다. "설명하기 쉽지 않은 경기였습니다."

리버풀은 이제 명백히 미끄러지는 팀이었으며 리그 4위로 떨어졌다. 클롭은 "번리와의 경

"클롭과 함께 일하는 첫 순간부터 끝까지 제겐 귀중한 배움의 기회였습니다. 모든 대화, 모든 세션이 마스터클래스였어요. 우리는 위르겐이 역습을 좋아한다는 걸 알고 있었고, 경기 중이나 훈련장에서도 그는 늘 많은 열정을 쏟았습니다. 그를 보는 것만으로도 열정이 솟아났죠. 끊임없이 공격하고 반격할 수 있는 사람은 많지 않습니다. 코치는 모든 걸 받아들이고 자신만의 훈련법을 만들어내려고 노력하는 법입니다. 위르겐은 항상 그런 사람이었어요. 이런 수준의 선수와 이런 수준의 훈련과 경쟁을 함께할 수 있게끔 리버풀에 소속되어 있다는 게 제겐 감사한 일이었죠. 그의 긴 여정의 일원이 될 수 있어 영광이었습니다. 자부심도 느꼈고요. 일생일대의 모험이자, 기억에 남는 모든 순간을 함께할 수 있어 행복했습니다."

–비토르 마토스, | 전 리버풀 FC 엘리트 개발 코치(2019-2024) |

기에서 졌는데, 여기 앉아 우승 경쟁을 이야기한다면 얼마나 어리석은 일입니까?"라고 덧붙였다.

상황은 더 악화되었다. 그후 두 달 동안 리버풀은 홈에서 5연패를 당했고, 리버풀의 시즌 우승이 더 이상 대화 주제로 거론되지 않는 지경에 이르렀다.

팀을 이끄는 리더는 변명 따윈 하지 않는다. 만약 클럽이 변명거리를 찾는다면 선택의 여지 없이 텅 빈 안필드부터가 문제였겠지만 그건 문제 해결에 도움이 되지 않는 것이었다. "팬이 없으니, 모든 게 다 힘들어졌다"고 그는 고충을 털어놓았다.

신의 개입

웨스트 브로미치 앨비언 VS 리버풀 | 프리미어리그, 2021년 5월 16일 |

절박한 시기에는 절박한 대책이 필요하다. 2020-21 시즌 막바지에 리버풀이 처한 상황은 위르겐 클롭 재임 기간 중 가장 어려운 상황이었다.

디펜딩 챔피언은 잊을 수 없는 시기를 견뎌내야 했다. 경기장에 서포터스의 부재가 계속되면서 감동 없는 광경이 연출되었고, 부상 위기로 인해 클럽은 클롭 시절 최악의 성적을 기록했다.

이전 세 시즌 동안 거의 패배하지 않았던 팀은 전례 없는 9번의 리그 패배로 타이틀 유지에 대한 희망이 사라진 지 오래였다. 컵대회를 향한 관심도 조기에 끝났다.

놀라운 경기력 하락은 치명적인 결과를 초래할 수 있었다. 3경기를 남겨둔 상황에서 리버풀은 리그 5위에 머물러 챔피언스리그 출전권을 놓칠 수 있는 매우 심각한 위험에 처했다. 그렇게 되면 불과 두 시즌 전에 유럽 챔피언이었던 클럽의 명예가 급격히 추락할 터였다.

웨스트 브로미치의 홈구장 호손스로의 원정을 앞두고 리버풀의 성적은 좀 나아졌지만, 4위 안에 들기 위해서는 쉼 없이 승리하는 것만이 답이었다. 경기 초반부터 뒤지던 리버풀은 모하메드 살라가 동점골을 터뜨렸다. 경기 종료 휘슬이 울리기 직전까지 1-1 동점 상황이 이어졌고, 모든 희망이 사그라지고 있었다.

몇십 초를 남기고 승점 2점이 절실히 필요하던 그때, 리버풀의 코너킥 상황에서 골키퍼 알리송 베케르가 상대 팀 페널티박스로 향했다. 그리고 트렌트 알렉산더-아널드가 코너에서 쏘아 올린 공을 헤더로 연결해 기적적으로 쐐기골을 넣었다. 예상을 뒤엎는 놀라운 순간이자, 리버풀의 시즌을 살리는 결정적인 순간이었다.

안도한 클롭은 "그 경기가 우리의 시즌을 한마디로 요약한 경기였다"고 인정했다. "우리는 미친 듯이 뛰며 경기를 계속했고, 결국 알리송이 해결했습니다. 살면서 그런 장면은 처음이었죠. 믿을 수 없는 헤더였어요. 말 그대로 미친 기술이었어요. 그 결승골에 내 지분이라곤 '골대로 돌아가!'라고 외치지 않은 것뿐입니다. 난 그저 선수들이 뛰게 내버려둔 것밖에 한 일이 없습니다."

그해 초 알리송의 아버지가 세상을 떠났고, 얼마 전 어머니를 여읜 클럽은 그의 감정에

오른쪽 위
클럽의 결승골을 넣은 첫 골키퍼로서 역사를 새로 쓴 알리송 베케르.

다음
팀 동료들은 믿을 수 없었지만, 알리송의 놀라운 막판 헤더슛이 리버풀의 시즌을 살렸다.

크게 공감했다. "우린 정말 친한 사이이고, 부모님을 잃는 게 어떤 의미인지 잘 알고 있습니다. 정말 놀랍고 감동적인 순간이었어요. 누군가에겐 단지 축구일 뿐이지만, 우리에겐 온 세상과 같습니다."

　이는 또한 리버풀의 다음 시즌 챔피언스리그 복귀 가능성이 여전히 자신들의 손에 달려 있음을 의미하는 것이기도 했다. 이 이변의 주인공은 클럽 역사상 최초로 결승골을 넣은 골키퍼가 되어 역사를 새로 썼다. 그 의미는 아무리 강조해도 지나침이 없었다.

"페이스타임 영상통화로 처음 통화를 했는데, 감독님이 대답하고 웃기 시작하자 나도 웃음을 참을 수가 없었습니다. 이미 우리가 잘 통한다는 걸 알 수 있었죠. 감독님은 선수들과 팀원들을 편안하게 해주면서도 동시에 우리에게 필요한 압박감을 주기도 합니다. 웨스트 브로미치전에서의 득점은 개인적으로 정말 중요하고 감동적인 순간이었어요. 돌아가신 아버지께 골을 헌정했고, 감독님께도 인사 세리머니를 했죠. 저와 마찬가지로 감독님도 개인적으로 힘든 일을 겪으셨지만, 제가 가장 필요할 때 시간을 내서 저를 응원해주셨습니다. 이런 건 절대 잊지 못하죠. 위르겐 클롭은 훌륭한 사람이자 훌륭한 감독입니다. 함께 많은 것을 성취할 수 있어서 정말 기쁩니다."

─알리송 베케르 | 리버풀 FC 골키퍼(2018-현재) |

미션 완수

리버풀 VS 크리스털 팰리스 | 프리미어리그, 2021년 5월 23일 |

2020-21 시즌은 여러 가지 이유로 잊을 수 없는 시즌이었다. 하지만 프리미어리그 캠페인의 마지막 주말에 리버풀은 적어도 가시적인 성과를 거둘 기회를 얻었다.

　불과 몇 달 전 완벽하게 시즌을 끝냈던 클럽은 모든 예상을 깨고 팀을 바닥에서 끌어 올리며 챔피언스리그 진출권을 놓고 다시 경쟁을 펼쳤다.

　알리송의 영웅적인 활약 이후, 리버풀은 번리를 상대로 시즌 두 번째 경기를 치렀다. 리버풀의 3-0 승리로 끝난 이 경기에서 젊은 수비수 냇 필립스는 팀이 2월 이후 처음으로 톱4에 복귀하는 데 큰 활약을 펼쳤다.

　완벽한 타이밍에 완벽한 폼을 되찾은 것이다. 이제 마지막 날 홈에서 크리스털 팰리스만 이기면 마무리할 수 있었다. "지난 몇 주와 몇 달은 좋았다. 우리는 잘 뛰었다. 선수들이 열심히 노력했다. 그 모든 것이 오늘 이 자리에 오르는 데 도움이 되었다. 우리는 이를 필요 이상으로 과대평가하지는 않는다. 물론 큰일이라는 걸 잘 알고 있다. 그리고 빅게임에는 빅퍼포먼스가 필요하다." 클럽은 노트에 이렇게 적었다.

왼쪽 아래
시즌 마지막 경기에서 호베르투 피르미누의 슈팅을 막아내는 크리스털 팰리스 골키퍼.

오른쪽 아래
이 경기를 보러 안필드에 다시 모인 1만 명의 서포터들.

리버풀은 이 중요한 경기를 앞두고 최대 1만 명의 팬이 안필드를 다시 찾을 것이라는 소식에 완벽한 격려를 받았다. 예전의 5분의 1에 불과한 관중이 뒤에서 응원했지만, 클럽의 선수들은 실수하지 않았다. 지니 베이날둠이 리버풀의 마지막 경기에서 주장을 맡은 가운데, 사디오 마네가 전반과 후반에 터뜨린 두 골은 리버풀 역사상 가장 감동적이지 못했던 시즌을 구해냈다. 클럽은 그 소회를 이렇게 밝혔다. "훌륭한 경기였고, 선수들에게 공을 돌리고 싶습니다. 지난 몇 주 동안 어떻게 이런 결과가 나왔는지 믿을 수가 없네요. 우리는 이 느낌, 이 경기, 이 분위기를 원했습니다. 그저 놀라울 따름입니다."

2018년 이후 처음으로 올해에는 트로피가 없었지만, 이런 상황에서도 감독은 만족감을 감추지 못했다. "5, 6, 8주 전만 해도 거의 불가능에 가까웠죠. 이런 상황을 극복하고 3위를 차지한 것은 인생에서 배울 수 있는 최고의 교훈입니다. 아무것도 없는 상태에서 5주 만에 챔피언스리그에 진출한 것은 엄청난 성과입니다."

2020-21 시즌 위르겐 클롭의 리버풀은 모든 악재에도 불구하고 승리를 거두었다. 프리시즌 목표 중 최소한의 목표를 달성하는 데 성공했고, 안도의 한숨을 내쉬며 다시 시작할 준비를 마쳤다.

위
사디오 마네의 두 골
은 승리와 리그 톱4
진입에 결정적인 역
할을 했다.

다음
리버풀의 챔피언스리
그 진출을 이끈 수비
의 핵, 냇 필립스.

"리버풀이라는 강팀의 선수가 된 것도 대단한 성취이지만, 위르겐 클롭이 지휘하는 리버풀에서 뛴다는 건 또 다른 차원의 성취입니다. 그는 저를 믿어준 최초의 감독이었고, 저는 그의 선수로 뛰는 경험을 통해 더 나은 선수가 될 수 있었습니다. 많은 이들에게 제 실력을 증명해야 하는 선수로서, 우리는 늘 서로를 이해했고 2020-21 시즌이 끝날 때까지 그는 저를 진심으로 믿어주었습니다. 우리는 좋은 성적을 냈고 마지막 경기에서 마지막 한 방이 필요했습니다. 그리고 원하던 결과를 얻었을 때, 마침내 모두가 다시 숨을 쉴 수 있었습니다. 클롭과 같은 지도자가 이끄는 팀의 일원으로 뛰게 되어 정말 즐거웠고 항상 자랑스러울 겁니다."

―너새니얼(냇) 필립스 | 리버풀 FC 수비수(2020-현재) |

하이 파이브

맨체스터 유나이티드 VS 리버풀 | 프리미어리그, 2021년 10월 24일 |

2021-22 시즌, 축구계가 다시 정상으로 돌아왔다. 서포터들이 마침내 경기장으로 돌아왔고 리버풀은 다시 한번 축구계의 주요 영예를 차지하기 위해 선두에 섰다.

위르겐 클롭의 팀은 시즌 초반의 어려움을 뒤로하고 16경기 무패 행진을 이어가고 있었다. 중앙 수비수 이브라히마 코나테가 RB 라이프치히에서 팀으로 합류하는 등 뉴페이스가 몇 명 있긴 했지만, 갑자기 시계가 몇 년 전으로 돌아간 것만 같았다.

리버풀과 오랜 라이벌 맨체스터 유나이티드 사이의 지각변동을 목격하는 리버풀 팬들의 즐거움은 변하지 않았다. 2021년 10월 24일 올드 트래퍼드에서 열린 이벤트는 영국에서 가장 크고 가장 성공적인 두 클럽 간의 격차가 커지고 있음을 처음으로 부각시켰다. 지역 더

비와 마찬가지로 맨체스터 유나이티드와의 경기에는 항상 승점 이상의 것이 걸려 있다. 전적은 아무 소용이 없다는 오래된 진부한 표현은 대개 사실이다.

리버풀은 자신감으로 가득 찬 모습으로 경기에 임했다. 반면 맨체스터 유나이티드는 주춤하며 우승 경쟁에 끼어들 기미를 보이지 않았다. 홈 팬들은 불안한 마음으로 경기에 임했고, 그들의 우려는 당연했다.

리버풀은 스트레트퍼드 엔드 앞에서 맨체스터 유나이티드를 무자비하게 무너뜨렸다. 홈 팀은 클롭의 끈질긴 압박과 빠른 역습, 무자비한 마무리에 깜짝 놀랐다. 리버풀은 전반 13분 만에 나비 케이타와 디오구 조타가 골을 터뜨리며 2-0으로 앞서나갔고, 하프타임을 사이에 두고 모하메드 살라가 놀라운 마법을 무대에 펼쳤다. 살라는 올드 트래퍼드에서 프리미어리그 해트트릭을 기록한 최초의 상대 팀 선수이자, 1936년 이후 모든 대회에서 해트트릭을 기록한 최초의 리버풀 선수가 되었다.

50분이 지나자, 경기는 완전히 기세가 넘어갔다. 홈 팬들 앞에서 맨체스터 유나이티드는

왼쪽 아래
5-0으로 승리한 경기에서 나비 케이타의 선제골을 축하하는 앤디 로버트슨.

오른쪽 아래
역사에 남을 올드 트래퍼드 대첩에서 해트트릭을 기록한 모하메드 살라.

리버풀의 두 번째 득
점 후 제임스 밀너와
호베르투 피르미누의
축하를 받는 디오구
조타.

굴욕을 당했다. 5-0이 되자 원정 팬들은 승점이 확보되고 역사가 만들어졌다는 사실에 만

족하며 긴장을 풀었다.

　　올드 트래퍼드는 텅 비었다. 마지막 휘슬이 울리자, 학살을 견디며 남아 있던 일부 열성

팬들의 야유는 리버풀 서포터들이 꿈의 무덤이었던 경기장에서 클럽 사상 최고의 승리를

기뻐하는 웃음소리와 축하의 노랫소리에 묻혀버렸다.

"이적 후 적응하기 위해 노력하던 저를 정말 잘 돌봐주셨습니다. 미팅에서 팀 운영 방식을 설명해주시던 게 기억나네요. 그후 경기장에서 감독님께 중요한 선수가 될 수 있다는 걸 증명하는 건 제 몫이었고, 감독님의 도움으로 제 몫을 다할 수 있었습니다. 특히 두 번째 시즌에 많은 골을 넣었어요. 그중 하이라이트는 올드 트래퍼드에서 5-0으로 승리한 경기였죠. 감독님이 선수들을 단련하는 방식은 그야말로 공로를 인정받아야 합니다. 경기가 시작되자마자 우리는 발끝을 바짝 세우고 공간을 찾았습니다. 모든 것이 자연스럽게 이루어졌고 초반 두 골이 정말 큰 도움이 되었죠. 하지만 감독님은 계속 공격하기를 원했고 결국 더 많은 득점을 할 수 있었어요. 제 생각에 전반전은 우리가 감독님 밑에서 펼친 경기 중 최고였습니다."

—디오구 조타 | 리버풀 FC 공격수(2020-현재) |

가장 성공적인 리버풀 팀도 원정에서 가장 치열한 라이벌을 이렇게까지 당황하게 만든 적은 없었다. 결코 잊을 수 없는 오후였다.

"뭐라고 해야 할까요? 제가 예상했던 결과라고요? 아니요, 경기 결과에 저도 놀랐습니다." 클롭은 경기 직후 텔레비전 카메라 앞에서 이렇게 말했다. "정말 좋은 날이자 엄청난 날입니다. 리버풀 역사의 작은 장입니다. 사람들은 앞으로 이 일을 이야기할 겁니다. 앞으로 오랜 시간 다시는 이런 일이 일어나지 않을 테니까요."

그날이 얼마나 특별한 날인지에 대한 클롭의 생각은 옳았지만 한 가지는 틀렸다. 더 좋지는 않더라도 비슷한 일이 곧 다시 일어났기 때문이다.

유로 스타들의 격돌

AC 밀란 VS 리버풀 ｜ 챔피언스리그 조별 예선, 2021년 12월 7일 ｜

이 두 유럽 거물들 사이에 더 중요한 경기가 있었지만, 2021년 12월 초 리버풀의 스타디오 주세페 메아차(산 시로) 방문은 의미가 컸다. 위르겐 클롭과 그의 팀은 이 경기를 통해 유럽 최고의 클럽 중 하나라는 위상을 재확인할 기회를 얻었다.

지난 시즌 레알 마드리드와의 챔피언스리그 8강전에서 아쉽게 탈락한 클럽은 리버풀이 이번 시즌을 만회하고 다시 한번 경쟁에서 지울 수 없는 흔적을 남기기를 원했다.

그의 첫 번째 임무는 조별 예선이라는 지뢰밭을 헤쳐 나가는 것이었다. 이전에는 때때로 막판까지 가는 일도 있었고, 보다 순조롭게 진행되기도 했다. 이번 시즌은 확실히 후자의 범주에 속했다.

유럽 챔피언을 두 번이나 차지했던 AC 밀란과 FC 포르투, 그리고 지난 8년 동안 두 번이나 결승에 올랐고 두 시즌 전에 리버풀을 16강에서 탈락시킨 경험이 있는 강팀 아틀레티코 마드리드와 함께 편성된 이 조는 전형적인 '죽음의 조'로 여겨졌다.

모하메드 살라의 동점 득점 장면.

"그가 가는 곳마다 '그래, 당연히 그의 클럽이고 당연히 완벽하게 맞고, 당연히 서로에게 푹 빠질 거야'라는 생각이 듭니다. 밑에서 치고 올라가 기대 이상의 성취를 하고 사냥꾼이 되고 사람들이 응원하는 언더독이 되는 겁니다. 이것이 바로 그가 최고인 부분입니다. 그는 독일에서 그랬던 것처럼 클럽 전체에 활력을 불어넣었습니다. 그는 리버풀을 자신의 클럽, 팀, 심지어 팬으로 만들었습니다. 이게 바로 클롭입니다. 우리는 항상 그의 아우라를 상대하고, 그가 팀에 전달하는 에너지를 상대하며 경기하게 될 겁니다. 우리는 항상 첫 번째 순간부터 그 팀과 마주하게 될 것이며, 클롭의 선수들은 땀으로 온몸이 젖을 때까지 멈추지 않을 겁니다. 그와의 대결은 정말 어렵습니다. 하지만 그와의 대결은 동시에 내 안의 최고를 끌어냅니다. 늘 즐거웠습니다. 서로에 대한 존경심이 많이 커졌습니다."

—토마스 투헬 | 전 첼시 감독(2021-2022) |

클럽은 조 추첨 소식을 듣고 허탈한 웃음을 지었다고 인정하면서도, 팀에 두려움은 없다는 자신감으로 반박했다. "챔피언스리그는 챔피언스리그이기 때문에 유럽 최고의 팀들과 경기해야 합니다. 그런 팀들 중 일부가 우리 조에 속해 있을 뿐입니다."

리버풀이 어려움을 겪을 것이라는 언론의 예상을 조롱하는 모습을 보여주면서 서포터들의 우려는 금세 사라졌다. AC 밀란과의 홈 개막전 승리 이후 포르투갈과 스페인 원정에서 인상적인 승리를 거뒀고, 안필드에서 열린 두 경기에서도 같은 결과가 반복되었다.

리버풀은 5연승으로 조 1위를 확보하며 편안하게 본선 진출을 확정했다. 따라서 이탈리아에서 열리는 마지막 예선전에는 아무것도 걸려 있지 않았지만 위르겐 클롭과 선수들에게는 강렬한 인상을 남길 기회가 남아 있었다. 지금까지 챔피언스리그 조별 예선 6경기를 모두 승리한 영국 클럽은 없었기 때문에, 클럽은 팀이 이 기회를 잡아야 한다고 생각했다.

팀에 변화가 불가피했지만 그가 선택한 팀은 예상보다 강했다. "우리가 처한 상황에 가장 적합한 팀을 출전시키고 싶지만, 우선은 경기에서 이기고 싶습니다"라고 감독은 말했다. 밀란은 여전히 본선 진출이 확실하지 않았기 때문에 쉽지 않은 경기를 펼쳤고, 전반 30분 직전에 피카요 토모리가 선제골을 터트렸다. 하지만 이후 모하메드 살라가 동점을 만들었고 후반 초반에는 디보크 오리기가 헤더로 2-1을 만들었다.

리버풀은 2위 아틀레티코 마드리드를 승점 11점 차로 따돌리고 조 1위를 차지하며 경기를 마쳤고 감독은 자부심에 찬 표정을 지었다. "우리 선수들이 정말 자랑스럽습니다. 놀라운 경기였고, 경기력도 뛰어났으며, 특히 6차전 덕분에 정말 행복합니다."

위르겐 클롭이 영감을 받은 또 다른 유럽 모험이 시작되었고, 새로운 역사가 시작되고 있었다.

바 로 그 자 리

리버풀 VS 첼시 | 리그컵 결승, 2022년 2월 27일 |

나중에 위르겐 클롭이 설명했듯이, 리버풀이 따라가는 것은 영광이 아니라 여정이다. 2021-22 시즌 종료가 다가오면서 또 한 번의 짜릿한 여정이 시작되고 있었다. 그의 팀은 쿼드러플[리그컵, FA컵, 프리미어리그 우승컵, 챔피언스리그 우승컵]을 향한 티켓을 가지고 있었고, 그 여정의 첫 번째 정류장은 익숙한 곳이었다.

웸블리 스타디움은 리버풀의 가장 위대한 순간과 떼려야 뗄 수 없는 관계에 있는 장소다. 한때 리버풀 팬들은 '안필드 남쪽 구역(Anfield South)'이라는 별칭을 지을 만큼 자주 이곳을 찾았다. 2022년 2월 말, 수천 명의 리버풀 팬들이 이 상징적인 경기장에서 클럽이 처음으로 승리하는 모습을 눈에 담기 위해 원정 응원 길에 나섰다.

지난 시즌 보기 드물게 트로피 없이 시즌을 마친 감독은 팀이 다시 우승컵을 수집하는 루틴을 되찾기를 간절히 바랐다. "지금은 사람들이 우리 팀에 정말 만족하고 있다는 것을 우리 모두가 알고 있습니다. 하지만 우리가 우승을 하지 못하면 20년 후, 사람들은 '잘하긴 했지만 우승도 했어야 했다'고 말할 겁니다. 따라서 우리는 지금 다시 우승에 도전해야 합니다."

6년 전 같은 장소, 같은 대회에서 클럽은 리버풀의 여정에서 처음으로 실망스러운 경험을 했지만, 그 이후 클럽과 팀은 먼 길을 걸어왔다. 컵대회 결승 진출은 더 이상 새로운 일이 아니었다.

그들을 기다리는 팀은 리그에서 두 번이나 무승부를 거둔 토마스 투헬의 첼시였다. 결승전을 준비하면서 감독과 스태프는 그 두 경기를 복습했고, 감독은 사석에서 자신 있는 모습을 보였다. "우리가 계속 발전할 수 있다는 것이 가장 중요한 메시지입니다."

평소와 마찬가지로 전술 계획이 수립되자 코치들이 이를 선수들에게 전달했다. 결승전 하루 전 팀 미팅에서 감독은 "세계 최고의 축구팀"을 상대해야 한다는 점을 상기시키면서 연설을 간단히 마무리했다. 경기 당일에는 "우리가 항상 하던 대로 하면 된다"고 덧붙였다.

이 경기는 사건으로 가득 찬 서사시 같은 대결이었다. 두 팀은 첫 휘슬이 울리자마자 공격에 나섰고 경기 내내 치열한 공방전이 이어졌다. 찬스를 놓치고, 선방하고, 공이 골대를

 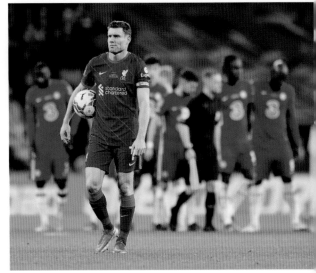

왼쪽 위
요엘 마티프가 헤더
로 득점했지만 VAR
결과, 득점이 인정되
지 않았다.

오른쪽 위
리버풀의 첫 승부차
기 킥을 준비하는 제
임스 밀너.

맞고, VAR 결과 요엘 마티프의 헤더가 무효가 되고, 주심은 첼시의 세 차례 슈팅에 오프사
이드 판정을 내렸다. 경기 속도는 정신없이 빨랐고 경기 강도도 좀처럼 떨어지지 않았다.

놀랍게도 연장전 끝에 경기는 무승부로 끝났다. "마치 두 마리의 사자가 서로를 향해 달
려드는 것 같았습니다. 정말 미친 경기였고 경기장에 있는 모든 사람이 매우 피곤해했죠"라
고 클롭은 말했다. 양 팀이 경기에 모든 것을 쏟아부었기 때문에 승부차기는 우승의 운명을
결정짓는 가혹한 방법이었으며, 그마저도 긴 시간이 걸리는 과정이었다.

다행히 리버풀은 클럽이 독일 스포츠 신경과학 연구 기업인 뉴로11을 초청해 클럽의 여
름 훈련 캠프를 함께한 이래로, 늘 이런 결과를 준비해왔다. 여기에는 페널티킥과 같은 세트
피스 상황에서 선수의 마음가짐을 돕기 위해 훈련 중 뇌 활동을 분석하는 것이 포함되었다.
감독은 이를 "우리에게 매우 흥미로운 새로운 장"이라고 설명했고, 그 영향력은 곧 시험대
에 오르게 되었다.

밀너, 파비뉴, 판데이크, 알렉산더-아널드, 살라가 다섯 번의 킥을 모두 성공시켰지만 첼
시도 똑같이 성공시켜서 승부는 서든데스까지 갔다. 이후 조타, 오리기, 로버트슨, 엘리엇,
코나테도 승패를 결정지을 수 없었다.

다음 키커는 골키퍼 키빈 켈러허였다. 클럽은 이전 라운드에서 모두 골문을 지켰던 켈러
허를 결승전에도 기용하겠다는 말을 고수했다. "프로 축구에서도 감정의 여지가 있어야 합
니다. 켈러허는 어린 선수이고 모든 컵대회 경기에서 뛰고 있는데 내가 어떻게 해야 할까요?
나는 프로 감독이지만 동시에 인간입니다. 인간이 감독을 이겼고, 켈러허는 그럴 만한 자격

"그는 제가 아는 유일한 감독님이고, 클럽 아카데미의 다른 많은 후배들과 함께 제게 기회를 준 감독님입니다. 우리 모두를 이끌면서 우리가 성장할 수 있도록 믿음을 심어주셨죠. 감독님이 제게 해준 조언은 항상 간단한 말이었어요. 경기를 준비할 때는 저만의 방식을 고집하는 선수라는 걸 잘 알고 있었기 때문이죠. 2022년 첫 리그컵 결승전을 앞두고도 제가 어떻게 플레이했으면 좋겠다는 간단한 아이디어를 주셨고, 저만의 방식으로 할 수 있도록 자신감을 주셨고, 그 모든 것이 제 커리어에서 중요한 순간을 만들었습니다."

─키빈 켈러허 | 리버풀 FC 골키퍼(2019-현재) |

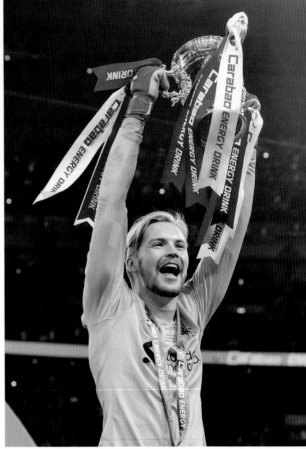

왼쪽 위
승부차기에서 골키퍼
켈러허의 득점으로
11-10을 만들었다.

오른쪽 위
서포터들에게 우승컵
을 자랑하는 웸블리
영웅.

이 있습니다."

클럽의 믿음은 아일랜드 출신 젊은 선수의 MOM급 활약으로 보답받았지만, 결정적인 순간은 아직 오지 않았다. "내게 알리송 베케르는 세계 최고의 1번 골키퍼이고, 켈러허는 세계 최고의 2번 골키퍼입니다. 그는 특히 우리의 경기 방식 면에서 놀라운 경기를 펼쳤습니다."

유스 시절에 공격수로 활약했던 켈러허는 페널티킥을 능숙하게 성공시키며 여전히 골 감각을 잃지 않았음을 보여줬다. 이제 역할이 뒤바뀐 켈러허는 페널티킥 전문가라는 명성 때문에 연장 막판에 교체 투입된 골키퍼 케파 아리사발라가를 상대해야 했다. 하지만 이는 역효과를 불러왔고, 결국 케파의 킥이 골대 위로 높이 뜨면서 경기는 리버풀의 11-10 승리로 마무리되었다.

"승부차기는 지금껏 본 것 중 가장 멋진 장면이었고, 이렇게 승리해서 정말 기뻤습니다. 가장 마음에 드는 것은 선수단 전체가 이 여정의 일부였다는 점입니다"라고 클롭은 덧붙였다.

리버풀은 다시 한번 웸블리에서 우승했고, 이어진 축하 행사는 그 의미가 무엇인지를 보여주었다. 10년 만의 국내 컵 우승이자 통산 9번째 리그컵 우승으로 리버풀은 대회 역사상 가장 성공적인 클럽이 되었다. 위르겐 클롭에게는 이번 시즌에 끊임없이 언급될 중요한 여정의 또 다른 발걸음이었다.

"특정 클럽에게 강할 때 '영광 사냥꾼(glory hunter)'이라는 수식어가 붙는 경우가 많습니다. 하지만 리버풀은 다릅니다. '영광 사냥'이 아니라 '여정 사냥'이죠. 우리에게 이 모든 것은 여정일 뿐이며 우리는 그 여정을 묵묵히 따를 뿐입니다."

평범함으로 특별함을 만들다

리버풀 VS 맨체스터시티 | FA컵 준결승, 2022년 4월 16일 |

위르겐 클롭은 언급하기를 꺼렸지만, 리버풀의 전례 없는 한 시즌 쿼드러플 도전은 빠르게 탄력을 받고 있었다. 리버풀의 자격에 대한 가장 엄격한 시험으로 여겨지는 이번 테스트를 통과할 수 있다면, 리버풀의 도전이 더욱 거세지리라는 것을 그는 잘 알고 있었다.

이미 리그컵에서 우승한 리버풀은 한 시즌에 주요 트로피를 모두 들어 올린 최초의 팀이 될 수 있는 유일한 팀이었다. 챔피언스리그 4강 진출이 확정되었고, 프리미어리그에서는 2위를 기록하며 FA컵 준결승 상대인 맨체스터시티와 흥미진진한 승부를 벌이고 있었다. 일주일 전에는 에티하드 스타디움에서 열린 원정 경기에서 2-2로 무승부를 거두며 승점 1점 차로 좁혔다.

왼쪽 아래
팬들이 들려주는 새 응원가를 듣고 있는 클롭.

오른쪽 아래
코너킥을 쏘아 올리는 앤디 로버트슨. 공은 이브라히마 코나테의 선제골로 이어졌다.

이제 영국 최고의 두 팀이 영국 축구의 하이라이트 이벤트에서 한 자리를 차지하기 위해 웸블리에서 맞붙었다. 경기 전의 무르익은 기대감에 부응하는 명경기였다.

맨체스터시티는 우승 후보로 출발했지만, 클롭은 상대를 존중하면서도 걱정하지 않았다. "우리는 맨체스터시티를 존경하며 맨체스터시티를 상대로 승리하기는 매우 어렵습니다. 하지만 우리 라커룸에도 선수들이 있고, 우리에게도 기회가 있습니다."

클롭 자신을 포함한 클럽의 거의 모든 이들에게 FA컵 준결승전은 새로운 경험이었다. 경기 당일 아침 클롭은 선수들에게 이렇게 말했다. "평범함으로 특별함을 만듭시다. 역사적으

로 리버풀은 언제나 맨체스터시티에게 맹렬히 달려들었습니다."

리버풀이 경기를 시작한 방식을 고려할 때, 맹렬하다는 표현은 모자란 감이 있다. 뜨거운 웸블리의 태양 아래서 맨체스터시티는 전반전 내내 압도적인 경기력으로 상대를 무자비하게 몰아붙인 리버풀의 강한 압박에 시들해졌다.

전반전 9분 만에 이브라히마 코나테가 헤더로 선제골을 넣은 후 사디오 마네가 두 골을 넣으며 3-0을 만들었다. 클롭은 "전반전은 역대 최고의 경기 중 하나였습니다"라고 인정했다. "우리는 모든 것을 제대로 했고, 적절한 순간에 득점했습니다. 우리는 탁월했고, 매 순간이 정말 좋았습니다."

하프타임이 되자 웸블리 중앙 홀에서는 환희에 찬 리버퍼들리언들이 쉬지 않고 노래를 불렀다. 그들은 비틀스의 명곡 「난 좋아(I Feel Fine)」를 개사하여 리버풀 시즌의 새로운 사운드트랙으로 자리 잡은 응원가를 열창했다.

후반전 시작 후 맨체스터시티가 골로 반격했을 때 대다수 팬들은 여전히 아래층에서 노래를 부르고 있었다. 이후 맨체스터시티는 추가시간에 다시 점수 차를 줄였다. 긴장감이 감돌았지만 이미 너무 늦었고 리버풀은 명승부를 펼쳤다.

"감독님은 제게 많은 것을 해주셨습니다. 우선 저를 이 마법 같은 클럽에 데려다주고 지금의 선수가 될 수 있도록 도와주셨죠. 처음 리버풀에 왔을 때 저는 겨우 22살이었어요. 어린 나이에 리버풀과 계약한 것은 꿈이 이루어진 순간이었죠. 감독님은 때때로 제 엉덩이를 걷어차기도 했지만, 더 나은 선수가 되는 데 큰 도움을 주셨습니다! 첫 시즌에 가장 기억에 남는 경기 중 하나는 웸블리 스타디움에서 열린 FA컵 준결승전이었는데, 시작하자마자 제가 골을 넣었죠. 감독님, 코칭스태프와 훈련에서 함께 연습했던 세트피스 상황에서 나온 골이었어요. 이렇게 중요한 경기에서 골을 넣은 것은 정말 놀라운 일이었고, 특히 승리의 발판을 마련한 것이라 더욱 기뻤습니다."

−이브라히마 코나테 | 리버풀 FC 수비수(2021-현재) |

"정말 자랑스럽고 놀랍습니다." 클롭은 말했다. "맨시티는 우리와의 경기가 어려울 수 있다는 것을 알고 있었다고 생각합니다. 우리 사이는 항상 그런 식이죠. 하지만 우리는 세계 최강의 팀을 이겼고 매우 특별한 순간입니다."

　클롭은 여전히 쿼드러플 달성이 가능하다고는 보지 않는다고 거듭 말했지만, 이 경기 이후 한 가지가 확실해졌다. 리버풀 서포터들은 클롭의 얼굴이 흥분해서 붉어질수록 더욱 기뻐한다는 점이었다.

노란 잠수함을 침몰시켜라

비야레알 VS 리버풀 | 챔피언스리그 준결승 2차전, 2022년 5월 3일 |

위르겐 클롭의 리버풀은 쉬운 방법으로 해낸 적이 거의 없었다. 5년 만에 세 번째 챔피언스리그 결승에 진출한 경기가 그 전형적인 예다. 리버풀은 1차전을 2-0으로 끝내고 스페인 동부 해안으로 향했지만 하마터면 경기를 내줄 뻔했다.

　퀴드러플을 향한 관심이 고조되고 바쁜 일정이 다가오는 가운데, 이미 안필드에서 승리했기 때문에 이 경기는 큰 관심을 받지 못했다. 하지만 비야레알은 이전 라운드에서 유벤투스와 바이에른 뮌헨을 탈락시켰기 때문에 쉽지 않은 경기였다.

챔피언스리그 준결승 2차전에 출전한 리버풀의 1번 골키퍼 알리송 베케르.

감독은 선수들에게 이번 경기를 아직 무승부인 것처럼 뛰라고 지시했다. "선수들에게 '멘탈리티 몬스터가 나타났다'라는 신문 헤드라인을 읽고 싶다고 말했습니다. 우리가 수비가 아닌 결과를 추구하는 팀이 되길 바랐기 때문이죠."

작고 분위기 있는 엘 마드리갈 경기장에서 클롭의 팀은 정신이 번쩍 들었다. 리버풀의 결승 진출에 대한 희망은 하루 종일 내리는 비에 씻겨 내려갈 위기에 처했다. 전반 3분 만에 합산 점수 차가 절반으로 줄어들었고, 전반이 끝날 무렵에는 완전히 사라졌다. 리버풀은 다행히 하프타임을 맞이할 수 있었다.

영감 넘치는 루이스 디아스의 교체 투입과 몇 가지 전술적 조정, 그리고 감독의 현명한 한마디가 상황 악화를 막았다. 클롭은 선수들에게 말했다. "전 세계가 지금 경기의 흐름이 일방적이라고 생각합니다. 하지만 우리는 이를 바꿀 수 있는 유일한 팀입니다. 좌절하지 맙시다. 이제 우리가 결승에 진출할 자격이 있다는 것을 보여줄 때입니다."

2018-19 시즌에 감독이 처음 만든 신조어인 '멘탈리티 몬스터'가 그 기세를 증명하기 시작했다. 후반전에는 리버풀의 경기력이 훨씬 개선되었고, 한 시간이 지난 시점에 파비뉴가

왼쪽 아래
비야레알을 상대로 버질 판데이크에게 전술적 조언을 전하는 클롭.

오른쪽 아래
교체 투입되어 대활약을 펼친 루이스 디아스.

합산 점수 우위를 회복시키자 더 이상 뒤돌아볼 틈이 없었다.

골대를 맞힌 지 1분 만에 루이스 디아스가 백포스트 헤더로 득점해 2-2를 만들었다. 그리고 사디오 마네가 깔끔하게 수비진을 돌파해 빈 골대에 공을 차넣음으로써 리버풀의 파리 결승 진출을 확정지었다.

"놀랍기만 합니다." 경기 후 클롭은 말했다. "우리 스스로 경기를 꽤 까다롭게 만들었습니다. 우리는 이런 일이 일어날 수 있다는 것을 알고 있었습니다. 하지만 인생에서 중요한 것은 일이 뜻대로 되지 않을 때 어떻게 반응하느냐입니다. (한 시즌에) 세 번 결승에 진출하는 것은 정말 어려운 일이기 때문에 지금까지 아무도 해내지 못했지만, 우리가 그걸 해냈습니다. 정말 대단한 일입니다."

리버풀을 세 번째 챔피언스리그 결승에 진출시킨 위르겐 클롭은 안필드의 위대한 선배 밥 페이즐리[유러피언컵 3회 우승]에 맞먹는 업적을 이뤄냈다. 그리고 이는 마르첼로 리피, 알렉스 퍼거슨, 카를로 안첼로티만이 달성한 그의 통산 네 번째 챔피언스리그 결승 진출이었다.

"챔피언스리그 비야레알과의 경기에서 벤치에서 경기장으로 나서던 순간이 정말 기억에 남습니다. 우리가 두 골 뒤진 상황에서 감독님이 저를 믿은 게 옳았다는 걸 증명해 보였기 때문이죠. 감독님은 나가서 제가 가장 잘 아는 것을 하라고 말씀하셨어요. 팀이 좋은 결과를 내는 데 도움을 줄 수 있어서 정말 좋았어요. 기쁨과 행복으로 축구를 할 수 있게 해준 감독님께 항상 감사합니다. 전술 계획과 지시를 준수하는 한 그는 모든 선수들에게 그랬고 제겐 그 점이 매우 중요했습니다. 이 위대한 클럽에서 그를 위해 뛴 것은 내가 도착한 날부터 그가 떠나는 날까지 놀라운 기억으로 남을 겁니다."

－루이스 디아스 | 리버풀 FC 공격수(2022-현재) |

웸블리의 마법사들

리버풀 VS 첼시 | FA컵 결승전, 2022년 5월 14일 |

2022년까지만 해도 위르겐 클롭과 FA컵은 좋은 관계를 유지하지 못했다. 과거 약체 팀을 출전시켜 세계에서 가장 오래되고 권위 있는 토너먼트 대회를 무시했다는 비난부터 6시즌 동안 단 한 번도 4라운드 이상 진출하지 못했다는 사실까지, 클롭이 이끄는 팀은 짜증과 좌절의 원인이었다.

리버풀 부임 이후 클럽의 FA컵 기록이 다른 대회에서 거둔 성과에 비하면 미약하다는 점은 부인할 수 없지만, 노력이 부족했던 것은 아니었다. 클럽은 2006년 이후 처음으로 우승 트로피를 들어 올리는 것이 클럽에 어떤 의미인지 잘 알고 있었다.

"사람들은 제가 국내 컵대회의 열렬한 팬이 아니라고 말하는데, 그건 사실이 아닙니다." 클롭은 이렇게 설명했다. "(다른 대회와) 비슷한 경험으로 시작했지만, 일찍 하차했을 뿐이죠."

그 어느 때보다 훨씬 탄탄한 전력을 자랑하는 스쿼드 덕분에 초반 라운드의 승부는 순조로웠고, 슈루즈베리 타운, 카디프시티, 노리치시티, 노팅엄 포리스트 등을 지나 맨체스터시티와의 유명한 준결승 승리를 향해 나아갈 때는 모든 게 맞아떨어지는 듯했다. 클롭은 "올해는 다릅니다"라고 말했다. "올해는 정말 특별했고 우리에게 큰 의미가 있는 해입니다."

성공적인 리그컵 우승은 다른 전선에서 도전을 이겨내는 원동력이 되었다. 그들은 우승의 희망을 안고 잉글랜드 축구의 하이라이트 이벤트에 참가하기 위해 남쪽으로 향했다. 웸블리에는 시즌 초반 리그컵 결승 패배를 설욕하고 리버풀의 쿼드러플 도전을 좌절시키려는 숙적 첼시가 기다리고 있었다.

벌써 이번 시즌 60번째 경기를 맞이한 클롭에게는 가장 바쁜 시즌이었다. 그는 "지금 리버풀의 일원인 게 정말 기쁩니다"라고 말했다. "나만 빼고 그 누구도 다시 치고 올라갈 수 있을 거라고 생각하지 못했던 지난 시즌에서 우린 돌아왔습니다. 앞으로 해야 할 일도 많고 할 수 있는 일도 많습니다."

두 번의 중요한 프리미어리그 경기와 챔피언스리그 결승전을 앞두고 있는 상황에서 클롭은 다가오는 도전에 우선순위를 둔다 해도 용서받을 수 있었다. 하지만 그는 모든 도전이 동등하게 중요하다며 단호한 태도를 유지했다.

리버풀과 첼시가 2022년 FA컵 결승전을 위해 웸블리 스타디움에 섰다.

"지금까지 한 팀이 세 번이나 결승에 진출한 것은 사상 처음 있는 일입니다. 이제 결정적인 순간이 다가오고 있습니다. 정말 어렵고 치열하겠지만 전혀 문제 될 게 없습니다. 여기까지 온 것도 좋지만 아직 케이크 장식이 남아 있고 우리는 지금 그 작업을 하고 있습니다."

FA컵은 그의 컬렉션에서 빠진 유일한 국내 트로피였다. "이번(FA컵 결승전)은 우리의 첫 번째 우승 기회이며 우리는 과거와는 다른 팀입니다. 선수들은 이제 더 큰 상을 노릴 준비가 되어 있고 우리는 최고의 모습을 보여서 집으로 가져갈 수 있도록 노력할 겁니다."

리그컵 결승전과 마찬가지로 어느 쪽으로든 승부가 기울 수 있는 팽팽하고 긴장감 넘치는 오후였다. 모하메드 살라와 버질 판데이크가 부상으로 빠진 리버풀은 두 차례나 슈팅 기회를 잡았다. 하지만 120분 동안 득점은 나오지 않았고 이번에도 승부차기로 우승을 결정지어야 했다.

제임스 밀너, 티아고 알칸타라, 호베르투 피르미누, 트렌트 알렉산더-아널드 모두 득점 기회를 놓치지 않았다. 첼시의 두 번째 키커가 실패한 상황에서 사디오 마네가 우승컵을 차지할 기회를 잡았지만, 슈팅이 빗나갔다. 나중에 클롭은 두 손을 번쩍 들고 자신의 잘못을 일부 인정했다. "사디오의 킥은 내 책임이 50퍼센트입니다. 사디오에게 골키퍼(에두아르 멘디)가 너를 알고 있으니 다른 방향으로 차라고 말했거든요. 내 인생에서 처음은 아니었지만, 내가 닥쳤어야 했다는 걸 깨달았죠."

서든데스 상황에서 승부의 추가 첼시 쪽으로 기우는 듯했지만, 디오구 조타가 골을 넣고 알리송 베케르가 메이슨 마운트의 슛을 막아냈다. 승리를 결정지을 책임은 이제 코스타스 치미카스의 발에 넘어갔다. 추가시간에 교체로 들어온 자칭 '그리스 스카우서'는 두려움 없이 골키퍼를 제치고 웸블리에서 또 한 번 환희의 장면을 연출했다.

붉은 연기가 허공을 가득 채우고 리버풀 팬들이 관중석에서 파티를 벌이는 동안, 클럽은 경기장에서 춤을 추고 선수들과 스태프를 껴안았다. 그에게 이날은 또 하나의 특별한 날이었다.

"우리 숙소는 중심가에 있었는데 아침부터 사람들이 파티를 벌이고 있었습니다. 경기 전부터 이번 경기가 사람들에게 어떤 의미인지 알 수 있었죠. 우리 아이들이 얼마나 열심히 뛰

아래
리버풀의 8번째 FA 컵 우승을 결정지을 페널티킥의 주인공, 코스타스 치미카스.

다음
웸블리에서 또다시 트로피를 들어 올린 주장 조던 헨더슨.

"FA컵 우승은 제 축구 인생에서 최고의 기억입니다. 제겐 정말 특별한 순간이었고 그 기회를 주신 클롭 감독님께 감사드립니다. 감독님은 제가 첫 번째로 킥하려 할 거라고 생각하셨지만, 저는 7번째로 킥하고 싶다고 말했습니다. 경기에 들어온 지 몇 분밖에 되지 않았기 때문에 그렇게 선택했는데 감독님도 괜찮다고 하셨죠. 사실 전날 밤에 이런 상황이 오면 킥을 어떻게 해야 할지 생각했었어요. 그래서 자신 있게 그대로 밀어 넣었죠. 세계 최고의 감독 밑에서 뛰는 것은 특권이었고, 감독님은 제 커리어에 엄청난 도움이 되었습니다. 웸블리에서 페널티킥과 트로피로 보답할 수 있어서 정말 기분이 좋았습니다."

　　　　　　　　　　　　　　　-코스타스 치미카스 | 리버풀 FC 수비수(2020-현재) |

고 얼마나 열심히 싸웠는지, 정말 자랑스럽습니다. 대단히 치열한 경기였고 승부차기에서는 정말 긴장이 되더군요. 120분 동안 아무것도 얻지 못한 첼시 팀에 정말 미안한 마음이 듭니다. 하지만 결국 승자는 한 명이고 우리가 바로 그 승자였습니다. 이겨서 행복합니다. 우리에겐 정말 엄청난 일입니다."

FA컵 우승 트로피는 통산 8번째이자 2006년 이후 처음으로 안필드에 돌아왔다.

무산된 쿼드러플

리버풀 VS 울버햄프턴 원더러스 ┃ 프리미어리그, 2022년 5월 22일 ┃

옛 속담에 '희망은 사람을 죽인다'라는 말이 있다. 2021-22 프리미어리그 시즌 마지막 날 오후, 리버풀 축구 클럽과 관련된 모든 사람이 이 속담의 진정한 의미를 고통스럽게 깨닫게 되었다.

웸블리에서 FA컵을 들어 올린 위르겐 클롭의 리버풀은 주중 사우샘프턴전에서 승리하며 챔피언스리그 우승 경쟁을 이어갔고, 이제 홈에서 울버햄프턴을 상대로 운명의 날을 맞이했다.

리버풀은 한 시즌에 4개의 트로피를 거머쥐는 데 단 두 경기만을 남겨두고 있었고, 이 역사적인 업적을 무시하기란 어려웠다. 하지만 리버풀은 1위인 맨체스터시티에 승점 1점이 뒤처져 있었다. 리버풀이 할 수 있는 일은 울버햄프턴을 꺾고 에티하드에서 리버풀 레전드인 스티븐 제라드가 이끄는 애스턴 빌라가 선전해주기를 기대하는 것뿐이었다.

감독과 선수들은 서포터들에게 무엇이든 가능하다는 믿음을 심어주었고, 축제 분위기가

울버햄프턴전에서 전반전 24분 동점골을 넣은 사디오 마네.

그들을 맞이했다. 전반전이 시작되자마자 울버햄프턴의 페드루 네투에게 선제골을 내주며 분위기가 가라앉았지만 사디오 마네가 동점을 만들었다. 하프타임이 다가올 무렵, 애스턴 빌라가 에티하드에서 리드를 잡았다는 소식이 전해졌다. 후반전 중반에 (전 리버풀 선수였던) 필리페 쿠티뉴가 애스턴 빌라의 리드를 두 배로 늘리자, 안필드는 열광의 도가니에 빠졌다.

잠시 꿈이 반짝였지만, 12분 만에 맨체스터시티가 모하메드 살라와 앤디 로버트슨의 후반 골을 무의미하게 만드는 놀라운 역전극(3-2)을 완성하면서 꿈은 순식간에 꺼져버렸다.

너무 가까우면서도 너무 멀었다. 감정적으로 피곤한 오후였다. 클롭은 이렇게 회상했다. "경기의 전말을 잘 알지는 못했습니다. 3 대 2인 순간이 있었는데, 왜 그랬는지 모르겠지만 우리는 그들(애스턴 빌라)이 다시 골을 넣었다고 생각했습니다. 솔직히 말해서 그들(맨체스터시티)이 5 대 0으로 앞서고 있었다면 차라리 빨리 포기해버렸을 겁니다."

쿼드러플은 무산되었지만, 클롭은 긍정적인 면을 강조했다. "우리 선수들은 놀라운 시즌을 보냈습니다. 사실 승점 92점은 말도 안 되는 숫자죠. 시즌 일정이 너무 빡빡했으니까요. 인생에서 배운 것은 궤도를 벗어나지 않고 계속 나아가면 보상을 받는다는 겁니다. 지금은 아니지만 언젠가는 보상을 받게 될 겁니다."

리버풀은 최선을 다했음에도 맨체스터시티에게 우승을 내주었다. 그러나 클롭은 패배에도 굴하지 않고 관대함을 잃지 않았다. "경기 전에 (리버풀이 우승하기 위해서는) 많은 일이 일어

"뛰어난 감독과 상대할 수 있었던 게 제 커리어에 얼마나 행운이었는지 모릅니다. 위르겐도 그중 한 명입니다. 그의 팀은 늘 최선을 다하리라는 걸 알고 있었습니다. 그들은 서포터들이 원하는 것, 즉 싸우고 뛰며 수준 높은 축구의 전형을 보여주었습니다. 위르겐은 리버풀에 오자마자 팬들의 요구를 즉시 받아들였습니다. 압박이 정말 대단했습니다. 리버풀은 스피드와 공격성이 넘치는 매우 육체적인 팀이었죠. 덕분에 경기 템포가 항상 매우 빨랐고 상대 팀에 큰 타격을 줄 수 있었습니다. 물론 시간이 지나면서 팀 내에 변화가 있었지만, 핵심 선수들을 하나로 묶는 것이 중요했습니다. 위르겐의 시절을 돌이켜보면 그는 클럽을 위해 모든 것을 다 바쳤고, 모든 것을 다 이겼습니다. 제게 위르겐은 리버풀과 프리미어리그에서 진정으로 위대한 감독 중 한 명으로 기록될 겁니다."

－브랜든 로저스 | 전 리버풀 FC 감독(2012-2015),

레스터시티 감독(2019-2023) |

나야 한다는 것은 분명했습니다. 맨체스터시티의 펩 과르디올라 감독과 선수들에게 축하를 보냅니다. 우리는 근접했지만 결국 충분히 근접하지 못했습니다."

안필드의 응원석에는 '우리가 컵 우승팀이다'라고 적힌 배너가 내걸려 있었다. 이미 두 개의 우승컵을 손에 넣었고 앞으로 세 번째 우승컵도 기대할 수 있는 상황에서, 이 배너는 아쉬움에도 불구하고 여전히 즐길 만한 시즌이라는 사실을 상기시켜주었다.

파리에서의 뼈아픈 패배

리버풀 vs 레알 마드리드 | 챔피언스리그 결승전, 2022년 5월 28일 |

봄의 파리에는 오랜 사랑에 다시 불꽃을 틔운다는 낭만과 함께 위르겐 클롭이 최고의 시즌을 완성할 것이라는 봄기운이 완연했다.

1977년부터 리버풀 팬들의 마음을 사로잡은 우승 트로피를 클롭이 마지막으로 본 지 3년이 지났을 때였다. 안필드로 일곱 번째 우승 트로피를 다시 가져올 수 있다면 프리미어리그 제단에서 쫓겨난 아픔은 금세 잊힐 것이었다.

리버풀 팬들은 매년 이맘때 프랑스 수도를 여행하면 파르크 데 프랭스[파리 생제르맹의 홈구장]에서 앨런 '바니 러블' 케네디[리버풀의 '붉은 제국' 시절에 활약했던 레전드 선수]가 골을 넣고 필톰슨이 세 번째 유러피언컵 트로피를 파리 하늘로 들어 올렸던 가슴 벅찬 기억이 떠오를 것이다. 그 1981년의 패배를 설욕하기 위해 2022년 레알 마드리드는 상대팀에게 반격을 선사할 예정이었다.

물론 유럽에서 13번이나 우승한 레알 마드리드는 1950년대 중반 대회가 시작될 때부터 이 트로피와 특별한 관계를 맺어왔다고 자랑할 수 있다. 이들의 마지막 키스는 2018년 키이

아래
오랜 시간 우세한 경기를 펼쳤음에도 불구하고 파리에서의 밤은 실망스러웠다.

다음
레알 마드리드에게 챔피언스리그 결승전에서 패배한 후 나비 케이타를 위로하는 클롭.

"우리는 서로 많은 경기를 치렀고, 물론 2022년 챔피언스리그 결승전에서 도 좋은 기억을 가지고 있다. 챔피언스리그 우승은 커리어에서 최고의 순간 이다. 사소한 것들이 우승 여부를 가르고, 리버풀을 상대로 나는 많은 이야 기를 갖고 있다. 파리에서 위르겐 클롭의 팀과 경기하며 그들의 압박에 골 머리를 앓았다. 그렇게 강하게 압박하는 팀은 찾아보기 힘들 정도여서, 최 전방에 공간을 아예 내주지 않는 게 관건이었다. 우리가 이기긴 했지만, 위 르겐의 성격과 축구 스타일로 볼 때 그는 리버풀이 가질 수 있는 최고의 감 독이었다. 리버풀을 9년 동안 정상에 올려놓은 것은 정말 환상적이었고, 재 미있는 팀과 함께 즐겁게 뛸 수 있었다. 위르겐은 재미있고 정직한 사람으 로, 감독으로서 그리고 한 인간으로서 존경한다."

　　　　　-카를로 안첼로티 | 레알 마드리드 감독(2013-2015 & 2021-현재) |

리버풀의 2022년 챔피언스리그 결승전 아픔을 설계한 카를로 안첼로티.

우에서 리버풀을 꺾고 이루어졌다.

40년 전 이 도시에서 시작된 유러피언컵 결승 3부작의 세 번째 이야기를 위해 스타드 드 프랑스에 모든 게 준비되었다. 그간 두 팀의 상대 전적은 1-1로 오랜 무승부를 깰 이 기회를 모두가 열망했다. 클롭은 "확실히 이기고 싶은 마음이 강하겠지만 그게 주가 되어선 안 된다"고 경고했다.

킥오프 직전까지만 해도 흥분과 자신감이 넘쳤지만, 리버풀 응원석의 개찰구에서 발생한 혼란(가짜 티켓을 소지한 리버풀 팬들이 몰리자 경찰이 이를 저지하면서 대소동이 벌어졌다)으로 서포터 수천 명의 출입이 통제되면서 분위기가 갑자기 가라앉았다. 이로 인해 경기 시작이 36분이나 지연되었고 경기장 분위기는 확실히 차분해졌다.

리버풀은 23회의 슈팅으로 레알 마드리드의 슈팅 3회에 비해 월등하게 많은 슈팅을 기록했지만, 골키퍼의 놀라운 선방에 막혔다. 최고의 기회는 사디오 마네의 슈팅이 골대를 맞고 나온 것이었다. 리버풀의 시즌 63번째 경기였던 이 경기에서 리버풀을 여기까지 이끌었던 불꽃은 다시 점화되지 못했고, 후반 59분 비니시우스 주니오르에게 결정적인 순간을 내주며 패하고 말았다. 결국 많은 기대를 모았던 시즌은 두 번의 실망으로 끝났다.

"그들은 골을 넣었고, 우리는 넣지 못했습니다. 축구계에서 가장 쉬운 설명이지만 어려운 일이죠." 클롭의 솔직한 경기 후 평가였다. "마지막 3분 동안 우리는 더 잘할 수 있었습니다. 정말 열심히 뛰었지만 그것만으로는 충분하지 않았고, 우리는 결과를 받아들입니다. 라커룸에서 나는 선수들에게 자부심을 느낀다고 말했습니다. 그들은 뛰어난 시즌을 보냈습니다. 우리가 우승하지 못한 두 대회는 아주 근소한 차이로 패배한 것뿐입니다."

경기장 안팎에서 매우 실망스러운 밤이었다. 진정한 사랑의 과정은 결코 순탄하지 않았으며, 리버풀의 2022년 파리에서의 경험은 잊을 수 없는 기억으로 남을 것이다.

붉은 영웅들의 귀환

리버풀의 홈 커밍 퍼레이드 | 2022년 5월 29일 |

50만 명이 틀릴 리 없다. 리버풀의 2021-22 시즌은 역사적인 쿼드러플을 놓쳤지만 축하할 만한 가치가 충분했다. 위르겐 클롭과 그의 팀이 패배의 아쉬움을 뒤로하고 24시간도 채 지나지 않아 리버풀로 돌아왔을 때, 사람들은 2019년을 다시 맞이한 것처럼 환호했다.

파리의 고통은 일주일 전 프리미어리그 우승을 아쉽게 놓친 기억과 마찬가지로 생생하게 남아 있었지만, 당시에는 '스카우서들의 빅 허그'라고 표현할 만큼 완벽한 해독제 역할을 했다.

리버풀이 리그컵과 FA컵에서 좋은 성적을 거두었지만, 퍼레이드를 진행하는 것이 옳은지, 퍼레이드를 어떻게 받아들일지에 관해 의구심을 품는 사람들이 많았다. 일부 선수들은 퍼레이드가 역풍을 맞을까 봐 진심으로 걱정했다. 그러나 쓸데없는 걱정이었다.

더블 컵 우승자들을 맞이하는 장면을 본 클롭은 감탄사를 연발했다. "우리는 이런 놀라운 일이 일어나기를 바랐습니다. 비록 두 개의 우승 트로피를 놓쳤지만, 이 사람들은 잊지 않고 있습니다. 이들은 선수들이 그간 어떤 경기를 펼쳤는지 정확히 알고 있습니다."

버스 뒤쪽의 무대에서 세계적인 DJ이자 리버풀 서포터인 캘빈 해리스가 분위기를 더욱 고조시키며 잊지 못할 4시간 동안 완벽한 사운드트랙을 선사했다. 그는 클럽의 비공식 응원가 「한 번의 키스(One Kiss)」 등을 연주하며 버스 안을 시종일관 들썩이게 했다.

왼쪽 아래
파리에서 귀국한 리버풀 선수단을 흥겹게 하고 있는 DJ 캘빈 해리스.

오른쪽 아래
선수단을 맞이하는 리버풀 팬들의 멋진 환영 행사.

"클롭이 지휘하는 팀의 주요 특징 중 하나는 플레이의 강도인데, 그의 리버풀은 이 부분에서 최고였습니다. 내가 리버풀 감독이었을 때 클롭의 마인츠와 프리시즌 친선 경기를 치렀는데, 그때 인상 깊었던 것이 바로 플레이의 강렬함이었습니다. 그는 감독 생활 내내 이런 플레이를 이어갔고 안필드에서 한 단계 더 발전시켰죠. 그가 안필드의 감독이 되었을 때 나는 그가 이 도시 사람들과 소통할 수 있다는 것을 알았고, 때문에 훌륭한 지도자가 되리라는 걸 직감했습니다. 그의 열정을 보면 팬들이 그를 사랑하고 존경하는 것은 당연한 일이었죠. 그는 점차 팀을 다시 꾸준히 경쟁하고 우승할 수 있는 수준으로 끌어올렸습니다. 감독으로서 우승 트로피를 거머쥔 것도 대단한 일이지만, 그가 쟁취한 업적의 규모도 정말 대단합니다."

−라파엘 베니테스 | 전 리버풀 FC 감독(2004-2010) |

2022년 더블 컵 트로피를 자랑하는 클롭과 코치 펩 레인더르스

　도로를 따라 펼쳐진 광경은 3년 전 클럽과 선수들이 유럽 챔피언이 되어 귀국했을 때 경험했던 장면을 연상케 했다. 약 50만 명의 군중이 거리를 가득 메웠고 구경하기 좋은 지점들은 모두 점령당했다. 거대한 붉은색 담요가 도시를 다시 한번 뒤덮은 것처럼 보였다.

　"사람들의 눈을 보면 정말 놀랍습니다." 감독은 말했다. "꼭 이길 필요도 없이, 가진 모든 걸 쏟아 붓기만 하면 리버풀 사람들은 우리를 사랑합니다. 선수들도 자랑스럽지만, 우리를 응원하는 팬들 역시 자랑스럽습니다. 우리는 전날 밤 챔스 결승전에서 패배했습니다. 그런데도 사람들은 우리를 환영하기 위해 여기에 모였습니다. 정말 대단합니다. 이것이 세계 최고 클럽의 모습입니다. 아, 취한 게 아니라 감정이 북받친 겁니다."

　예순세 번의 마라톤 같은 경기와 세 번의 컵대회 결승전, 두 개의 트로피를 거머쥔 짜릿한 우승 끝에 마침내 모두가 심호흡할 때가 되었다. 위르겐 클롭의 정신력으로 똘똘 뭉친 선수들에게 또 한 번의 놀라운 시즌이 끝났고, 그들의 뛰어난 노력은 인정받았다.

진정한 보스 2

위르겐 클롭, 2021-22 올해의 감독에 선정되다

런던의 그로브너 하우스 호텔 무대에서, 평소 자신감 넘치던 위르겐 클롭은 한순간 자신의 안락한 영역에서 벗어난 모습을 보였다. 낯선 검은색 정장에 셔츠와 넥타이를 차려입은 그에게 모든 시선이 집중되고 있었다.

조금 전, 알렉스 퍼거슨은 미소를 지으며 2022년 리그 감독 협회 올해의 감독에 클롭이 선정되었음을 발표하면서 "고통스럽다"고 농담을 던졌다. 2년 전에도 같은 시상식에서 프리미어리그 올해의 감독에 선정된 바 있는 클롭은 축하할 일이 두 배로 늘어났다.

코로나19로 인해 리버풀의 멜우드 트레이닝 센터 내에서 공식 시상식 없이 트로피를 받아야 했던 2020년과 달리, 이번에는 클롭이 직접 참석했기 때문에 수락 연설도 해야 했다.

대규모 행사에서 연설하는 것은 클롭에게 낯설지 않은 일이었지만, 자신에 대해 이야기해야 하는 지금 상황은 약간의 불안감을 불러일으켰다. 그는 트로피를 들고 자신을 뽑아준 사람들에게 감사를 표하며 지난 9개월을 간략하게 회고했다.

"동료들이 뽑아준 이 상은 분명 가장 중요한 상입니다. 큰 영광이고 정말 정신없는 시즌이었습니다. 우리에게 최고의 결과는 아니었지만 잘 마무리했습니다."

클롭은 이곳으로 동행해달라고 부탁해서 데려온 코칭스태프가 앉은 구석을 가리키며 이 영광을 함께 나누고 싶다고 말했다.

"이런 상을 받으려면 천재이거나 세계 최고의 코칭스태프가 있어야 하는데, 저는 모든 코칭스태프와 함께 이 자리에 있고, 제게 얼마나 고마운 사람들인지 잘 알고 있습니다. 저는 축구에서 개인의 우승은 믿지 않습니다. 축구는 팀 스포츠이며 이들이 없었다면 저는 아무것도 아닙니다. 우리가 함께 할 수 있는 것을 함께 해낸 것뿐입니다."

다음 날 아침 훈련장으로 돌아온 그는 모든 선수를 한자리에 모아놓고 감사의 인사를 전했다. "우리가 좋은 코치라는 사실을 세상에 알려줘서 고맙습니다."

이 두 개의 권위 있는 상은 리버풀을 프리미어리그 준우승, 챔피언스리그 결승 진출, 리그컵과 FA컵에서의 성공으로 이끄는 데 큰 역할을 한 그의 공로를 인정한 것이었다. 그가 세계 최고의 감독 중 한 명이라는 사실이 다시 한번 증명된 것이기도 했다.

다음
시즌 전 미국을 방문한 클롭이 톰 워너, 존 헨리, 마이크 고든을 만나 이야기를 나누고 있다.

"리버풀은 전설적인 감독들의 유산이 가득한 클럽입니다. 위르겐 클롭은 그 유산을 존중했을 뿐만 아니라 후임자들에게 새로운 기준을 제시합니다. 그의 재임 기간, 리버풀은 끊임없이 경쟁심을 충전했고, 이는 2015년 이후 리버풀이 획득한 수많은 트로피로 기록되었습니다. 저는 위르겐과 절친한 친구가 되는 영광을 누렸습니다. 그는 축구를 가장 중요하게 생각하면서도, 다정함과 날카로운 재치, 포용력, 겸손한 태도를 잃지 않았습니다. 또한 인생에서 폭넓은 가치들을 중요하게 생각하는 그의 통찰력도 존경합니다. 그의 업적은 실로 우리의 야심 찼던 기대감을 뛰어넘었습니다!"

—톰 워너 | 펜웨이 스포츠 그룹 및 리버풀 FC 회장 |

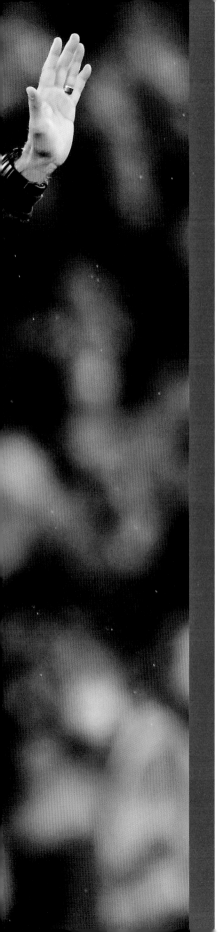

라　스　트
댄　　　스
──────

2022 – 2024

"처음 리버풀에 입단했을 때 스포트라이트를 받았지만, 감독님은 제게 전혀 부담을 주지 않으셨고 그게 정말 큰 힘이 되었습니다. 언어 때문에 힘들기도 했지만, 감독님은 자신감을 심어주셨고 제 강점을 살려 플레이하라고 말씀하셨어요. 벤피카에서 리버풀과 챔스 경기를 할 때처럼 침착하게 하라고요. 그리고 첫 경기들 중 하나인 FA 커뮤니티 실드에서 득점을 올릴 수 있었습니다. 이기는 건 늘 기분 좋습니다. 기억에 남는 골이죠. 감독님 밑에서 뛰었던 2년 동안 감독님은 제가 선수로서나 한 인간으로서 성장하는 데 많은 도움을 주셨습니다. 그는 제게 많은 교훈을 주었고 남은 커리어에 긍정적인 영향을 미쳤습니다."

－다르윈 누녜스 | 리버풀 FC 공격수(2022-현재) |

승리의 실드

리버풀 VS 맨체스터시티 | FA 커뮤니티 실드, 2022년 7월 30일 |

매년 잉글랜드 축구 시즌의 막을 올리는 이 경기는 1900년대 초에 처음 열린 이래로 많은 비판을 받아왔다. 이 경기를 얼마나 진지하게 다뤄야 하는지는 매년 논의되고 있으며, 실제로 우승하는 것보다 출전 자격이 더 중요한 것으로 여겨지고 있다.

　리버풀은 FA컵 우승팀으로서 프리미어리그 챔피언 맨체스터시티와의 커뮤니티 실드[잉글랜드 프리미어리그 우승팀과 FA컵 우승팀이 맞붙는 대회]에 출전할 자격을 얻었다. 상대 팀이 맨체스터시티이기 때문에 평소보다 더 경쟁적으로 임해야 할 경기였다. 새 시즌을 앞두고 체력을 단련할 수 있는 마지막 기회인 동시에, 승리를 확정하고 초반 기선을 잡을 수 있는 첫 번째 기회이기도 했다.

　클롭의 리버풀이 맞붙었던 두 번의 커뮤니티 실드에서는 모두 웸블리에서 승부차기 끝에 패배했는데, 첫 번째 경기는 2019년 맨체스터시티, 그리고 1년 뒤에는 아스널과의 경기였기 때문에 감독은 균형을 바로잡고 싶어 했다.

클롭의 리버풀 2.0 프로젝트는 FA 커뮤니티 실드를 앞두고 팀 라인업을 구성하면서 시작되었다.

왼쪽
다르윈 누녜스가 리버풀의 세 번째 골을 넣으며 3-1 승리를 확정했다.

오른쪽
우승패를 들고 데뷔 전 승리를 자축하는 다르윈 누녜스.

"리버풀과 맨체스터시티의 경기보다 더 좋은 시작이 있을까요? 믿을 수 없을 정도로 치열하고 수준 높은 경기가 될 겁니다." 경기 전 클롭은 이렇게 소감을 밝혔다. "오늘은 지난 시즌의 성과를 즐기고 새로운 시즌을 위한 준비를 하는 날입니다. 또한 리버풀이 지난 몇 년 동안 차지하지 못한 트로피를 따기 위한 경기입니다."

여름 동안 영웅 마네와 오리기를 비롯한 여러 선수가 팀을 떠나면서 클롭은 점진적으로 팀을 재건하는 단계에 접어들었다. 새로 영입한 선수 중 가장 주목할 만한 선수는 센터포워드 다르윈 누녜스였다. 우루과이 출신인 누녜스는 벤피카에서 클럽 역사상 기록적인 이적료에 영입되었고, 레스터시티와의 경기에서는 벤치에서 시작했지만 이후 큰 역할을 맡게 되었다.

트렌트 알렉산더-아널드의 선제골로 리버풀이 전반전을 리드했지만, 후반전 중반 맨체스터시티에게 동점을 허용했다. 누녜스가 교체 투입된 후 얼마 지나지 않아 영향력을 발휘하기 시작했다. 7분 후, 누녜스의 헤더슛이 수비수의 손에 맞았고 모하메드 살라가 페널티킥으로 리드를 되찾았다. 그리고 마지막 순간, 누녜스가 2006년 이후 리버풀의 첫 커뮤니티 실드 우승을 확정하는 골을 넣으며 자신의 데뷔를 자축했다.

"그 골은 우승을 화려하게 장식하는 골이었습니다. 그가 해줘서 정말 기쁩니다." 감독은 말했다. "선수의 얼굴과 동료 선수들의 얼굴에서 그들이 얼마나 기뻐하고 있는지 읽을 수 있었습니다. 좋은 징조였죠. 정말 멋졌습니다. 중요한 대회에서 우승한 거니까요. 물론 패배했더라면 별로 중요하지 않은 대회가 되겠지만요."

커뮤니티 실드 입장에서는 그 무엇보다 기억에 오래 남을 경기였고, 클럽에게는 시즌 전의 소중한 컵을 획득한 경기였다.

이보다 더 행복할 수는 없다

리버풀 VS 본머스 | 프리미어리그, 2022년 8월 27일 |

햇살이 내리쬐고 팀이 즐겁게 골을 넣을 때 축구는 정말 아름답게 보인다. 기록적인 날 위르겐 클롭의 리버풀은 날카로운 슈팅으로 최고의 기량을 뽐냈다.

2022-23 시즌 프리미어리그 개막 후 3경기에서 2무 1패를 기록한 리버풀의 시즌 초반 성적은 좋지 않았다. 높은 기대치가 설정되어 있었기 때문에 언론에서는 전형적인 과장된 반응이 나왔다.

클럽은 이를 단지 "잘못된 출발"로 치부했다. 위기라는 터무니없는 주장은 금세 수그러들었고, 본머스는 불운한 피해자가 되어 역풍을 맞았다.

리버풀의 무자비한 공격은 3분 만에 시작되어 85분까지 멈추지 않았다. "오늘 시작이 너무 좋았습니다"라고 감독은 말했다. "우리는 주저하지 않았습니다. 아무것도 주저하지 않았고, 적진으로 날아가서 그들을 압박했습니다. 우리가 감수해야 할 위험이었죠."

왼쪽 아래
3분 만에 골을 넣은 후 조던 헨더슨과 함께 기뻐하는 루이스 디아스

오른쪽 아래
클럽에서의 첫 골을 넣으며 8-0을 만든 파비오 카르발류.

　　전반 3분 만에 루이스 디아스가 선제골을 터뜨렸고 하비 엘리엇이 리그 첫 골을 넣으며
순식간에 리드를 두 배로 벌렸다. 이후 트렌트 알렉산더-아널드, 호베르투 피르미누, 버질
판데이크가 득점하여 리버풀은 48년 만에 하프타임 전에 5골을 넣었다.

　　"후반전에도 계속 같은 경기력을 유지하는 것이 중요했습니다. 멋진 오후를 보낸 후 실점
을 허용하고 쓴맛을 보고 싶지 않았죠. 다시 한번 경기를 풀어나가야 했습니다."

　　후반 시작 2분 만에 자책골로 인해 잔인한 공방전이 재개되었다. 피르미누가 두 번째 골
을 넣고 파비오 카르발류가 붉은 유니폼을 입고 첫 골을 기록한 후 디아스가 다시 골을 넣
으며 경기가 끝났고, 충격에 빠진 본머스를 고통에서 꺼내줬다.

　　"다양한 골잡이, 멋진 골, 환상적인 상황 등 우리에게 완벽한 오후였습니다. 우리는 정말
집중해서 상대에게 엄청난 압박을 가했습니다. 우리는 그런 것이 필요하다는 것을 잘 알고
있습니다. 우리는 스스로 그걸 증명해야 했습니다."

　　매우 만족스럽고 기억에 남는 오후였다. 기자실 안의 통계 담당자들은 사실 확인을 위해
재빨리 기록부를 훑어보았다.

　　9-0이라는 스코어는 리버풀의 프리미어리그 역대 최고 득점인 2020년 크리스털 팰리스
원정 7-0을 가볍게 뛰어넘었을 뿐만 아니라, 1989년 퍼스트 디비전에서 같은 팀을 상대로
거둔 클럽 역대 최고 득점과 타이를 이뤘다.

　　의구심은 사라지고 위르겐 클롭은 그의 오랜 감독 경력에서 가장 큰 승리를 거두었다.

"프리미어리그 첫 골은 꿈만 같은 일이었지만, 위르겐 클롭이 이끄는 팀에서 골을 넣은 것은 단지 득점해서가 아니라 그를 위해 뛰었기 때문에 더욱 특별했습니다. 감독님은 항상 저를 위해 최선을 다하는 분이었습니다. 그 목표는 개인적으로 힘든 시기에 이루어졌어요. 며칠 전에 할머니가 돌아가셨는데 그 일을 그때까지 혼자만 알고 있었어요. 그런데 감독님이 이 소식을 듣고는 바로 달려와 저를 꼭 안아주며 제 곁에 있어주겠다고 말씀하셨죠. 그 말 한마디가 클롭이라는 사람을 정의합니다. 감독님은 경기장 안팎에서 항상 저희를 지지해주셨고, 그분이 없었다면 저는 지금의 자리에 있지 못할 겁니다. 감독님은 선수들과 서포터들에게 수많은 놀라운 경험을 선사한 리버풀의 아이콘입니다. 제게 위르겐 클롭과 같은 분은 다시는 없을 겁니다."

―하비 엘리엇 ┃ 리버풀 FC 공격수(2019-현재) ┃

미스터 리버풀

위르겐 클롭, 리버풀 명예시민이 되다 | 2022년 11월 2일 |

2015년 안필드에 처음 들어선 순간부터 위르겐 클롭은 리버풀 팬들이 좋아하는 감독의 모든 특성을 보여주었다. 타이틀과 트로피도 물론 도움이 되었지만, 클롭이 팬들과 쌓은 관계의 힘은 경기장 안에서의 팀 성적 못지않게 경기장 밖에서 보여준 그의 행동에 의해 형성된 것이었다.

클롭은 힐즈버러 참사(1989년 4월 셰필드의 힐즈버러 경기장에서 리버풀 원정 팬 97명이 압사하고 760여 명이 다쳤던 참사) 희생자들을 계속해서 지원하고, 지역 병원의 아픈 어린이들을 방문하고, 정기적으로 시간을 내서 서포터들과 사진 포즈를 취하는 등 많은 사람의 마음을 사로잡았다.

그들의 눈에 독일에서 온 수염 난 남자는 항상 '자신들 중 한 명'이었고, 그의 억양은 그들과 달랐지만 그가 이 도시 사람들과 잘 어울리는 사람이라는 것을 수없이 증명했다.

따라서 2022년 가을, 클롭이 안필드에서의 업적과 수많은 지역 자선단체에 대한 공로를 인정받아 리버풀시의 명예시민이 된 것은 당연한 일이었다.

명예시민의 영예는 그동안 축구인으로는 세 명(밥 페이즐리, 케니 댈글리시, 스티븐 제라드)에게만 수여되었다. 다른 유명 인사로는 비틀스, 제리 마스덴, 영화배우 켄 도드, 힐즈버러 참사 희생자 97명 등이 있었다.

클롭은 이 영예를 받은 세 번째 외국인이 되었으며, 많은 유명 인사들과 나란히 하게 되어 감격스럽다는 소감을 밝혔다. "우리가 너무나 사랑하는 도시에서 이런 영예를 받는다는 것은 정말 큰일입니다."

리버풀 시청에서 열린 특별 행사에서 아내 울라와 함께 무대에 오른 리버풀 감독은 다음과 같이 말했다. "세월이 흐르면서 리버풀의 여러분과 우리 가족은 공통점이 많다는 것을 깨닫게 되었습니다. 우리는 비슷한 것에 관심을 주고, 비슷한 정치적 견해를 가지고 있으며, 매우 개방적인 것을 좋아합니다. 제 주변의 모든 사람, 제 친구와 가족들은 제가 하는 일보다 이 도시에 관심이 많습니다. 이곳 사람들은 정말 개방적이고 멋지고 친절하고 친근합니다. 저도 그런 사람이 되고 싶습니다."

리버풀 시청에서 열
린 수여식.

"이 모든 것을 가능하게 해주신 모든 분께 감사드립니다. 여러분 덕분에 저와 제 가족은 이 멋진 도시와 맺은 인연이 더욱 강해졌고 이제 리버풀은 저희 마음에 영원히 남을 겁니다. 자랑스럽습니다."

클럽에서의 첫 시즌부터 리버풀 응원석에는 이런 문구가 적힌 깃발이 내걸려 있었다. '위르겐 노르베르트 클롭. 최고(Boss Tha)'.

"위르겐과 함께한 첫날부터 기대가 컸습니다. 우리는 모두 그가 무엇을 보여줄지 궁금했고, 위르겐은 노래 가사에 나온 대로 그 약속을 지켰습니다. 그는 우리에게 수많은 컵과 우리가 익숙했던 것과는 다른 스타일의 축구, 수십 년 동안 기억될 멋진 공격 축구를 가져다주었습니다. 그리고 우리에게 많은 즐거움과 좋은 분위기를 선사했습니다. 리버풀 명예시민이 된 것은 당연한 일이었죠. 이 나라에 들어온 외국인으로서 믿을 수 없는 영광이며, 이는 단지 그가 가져온 우승 트로피 때문만은 아닙니다. 이 도시 사람들이 주는 상이라 더욱 특별하죠. 저는 자랑스러운 스카우서로서 기사 작위를 받은 것과 비슷하다고 말하고 싶고, 앞으로 그가 소들을 이끌고 거리를 활보하는 모습을 볼 수 있기를 기대합니다. 위르겐이 이룬 업적에 대해 우리는 언제나 그에게 깊은 감사를 표할 겁니다."

—필 톰슨, | 전 리버풀 FC 수비수(1972-1985), 코치(1986-1993),
그리고 수석코치(1998-2004) |

늑대의 먹잇감

울버햄프턴 VS 리버풀 | 프리미어리그, 2023년 2월 4일 |

리버풀 팬들의 눈에는 위르겐 클롭이 잘못한 것이 없었지만, 그렇다고 해서 비난의 눈초리에서 벗어날 수도 없었다. 기대에 부풀었던 시즌이 엄청난 반전으로 치닫는 가운데 클롭은 경질 위기에 처했다.

지난 시즌 전례 없는 쿼드러플에 근접한 후 안필드에서는 특히 맨체스터시티를 꺾고 커뮤니티 실드를 들어 올린 뒤 기대가 높아졌다. 2022년 8월 본머스를 상대로 거둔 대승도 단발적인 사건이 아니었고, 챔피언스리그에서 레인저스 원정 7-1 승을 비롯해 다른 큰 승리가 이어졌지만, 일관성 없는 경기력이 그들을 괴롭혔다.

10월 말, 고군분투 중인 리즈 유나이티드가 안필드에서 승리를 거두자, 경종이 울리기 시작했다. 이 패배로 리버풀은 상위 4팀과 승점 8점 차로 벌어졌다. 시즌 초반임에도 클럽은 팀이 어려움에 부닥쳐 있음을 인정했다. "지금처럼 일관성 없는 경기를 펼치면 챔피언스리그 출전 자격을 얻을 수 없습니다."

크리스마스를 앞두고 맨체스터시티에 의해 리그컵 방어가 4라운드에서 중단되었고, 한

왼쪽 아래

몰리뉴 스타디움에서 마테우스 쿠냐와 공중전을 벌이는 스테판 바이체티치.

오른쪽 아래

트렌트 알렉산더-아널드는 리버풀이 대패당하는 것을 보고 견딜 수 없었다.

달 후 FA컵에서도 4라운드에서 브라이턴 & 호브 앨비언에게 원정 패배를 당했다.

유럽에서는 클롭이 리버풀을 챔피언스리그 16강에 진출시키는 데 성공했지만, 2023년 2월 초만 해도 내년에 다시 이 대회에 참가하려면 우승해야 할 가능성이 점점 더 커지고 있었다.

프리미어리그에서 6연패를 당하면서 리버풀의 4위 내 진입 자격에 대한 심각한 의구심이 제기되었다. 2월 첫 주말 몰리뉴 스타디움(울버햄프턴 원더러스의 홈구장)에서 리버풀의 시즌 성적은 최저치로 떨어졌다. 강등권 팀인 울버햄프턴을 상대로 리버풀은 전반 12분 만에 두 골을 내주고 전반전에 단 한 차례의 슈팅도 기록하지 못하며 아쉬움을 삼켰다.

지난 1월 이적 시장에서 PSV 에인트호번으로부터 영입한 네덜란드 월드컵 스타 코디 학포와 모하메드 살라, 다르윈 누녜스의 삼각편대를 앞세웠지만 반격에 실패했다. 울버햄프턴은 하프타임 이후 세 번째 골로 고통을 더했다.

리버풀은 순위가 10위까지 떨어졌고 클롭은 이에 대해 사과하면서 할 말을 잃을 뻔했다. "변명의 여지가 없습니다. 죄송합니다. 여러분은 우리를 비판하고 판단할 수 있습니다. 아마 여러분이 맞을 겁니다. 우리는 불행을 초래했습니다. 이런 일은 일어나서는 안 되며 바뀌어야 합니다."

리버풀은 10년 만에 처음으로 프리미어리그 원정 경기에서 3연패를 당했고, 특히 수비에서 자신감에 위기를 겪고 있었다. 울버햄프턴 서포터들은 '내일 아침 경질될 것'이라는 웃지 못할 구호로 클럽을 조롱했다.

늘 그렇듯이 언론은 이 순간을 과장했고 리버풀의 라이벌들은 이를 즐기며 기뻐했지만, 클럽이 상황을 반전시킬 큰 임무를 맡았다는 사실에는 변함이 없었다. 그렇게 할 자신이 있느냐는 질문에 그는 이렇게 대답했다. "네, 확신합니다."

"감독님은 저를 비롯한 많은 젊은 선수들에게 우리 자신을 세상에 보여줄 수 있는 기회를 주셨어요. 첫날부터 감독님과 코칭스태프는 저를 응원해주셨고, 정말 감사하게 생각하고 있습니다. 어린 선수로서 성장하는 것은 정말 기분 좋은 일이고, 위르겐 클롭의 1군에 합류하는 것은 제가 클럽에 입단할 때부터 꿈꿔왔던 일입니다. 18세 이하 팀에서 시니어 무대에 데뷔해 첫 골을 넣기까지 모든 것이 순식간에 이루어졌어요. 감독님은 지금까지 제 커리어에 큰 영향을 미쳤고, 제가 자신감을 가지고 플레이할 수 있게, 깊은 인상을 남기며 발전할 수 있게 해주셨습니다. 저를 믿어주신 감독님께 항상 감사한 마음입니다."

–스테판 바이체티치 | 리버풀 FC 미드필더(2022-현재) |

매그니피센트 7

리버풀 VS 맨체스터 유나이티드 | 프리미어리그, 2023년 3월 5일 |

때때로 축구에서는 다시는 일어나지 않을 전례 없는 시나리오, 별들이 정렬되는 순간, 모든 것이 제자리에 놓이는 순간 등 눈앞에 펼쳐지는 장면을 가만히 감상해야 할 때가 있다.

2023년 3월 첫 주말, 위르겐 클롭의 팀은 그 누구보다 이기고 싶어 하는 클럽을 상대로 전례 없는 경기력과 최종 결과를 보여줬고, 리버풀 팬들은 이를 직접 경험할 수 있는 특권을 누렸다.

2021년 10월 올드 트래퍼드에서 리버풀이 맨체스터 유나이티드를 5-0으로 대파할 수 있다고 믿은 사람은 없었다. 하지만 맨체스터 유나이티드 팬들이 더 이상 나빠질 수 없다고 생각했을 때 클럽과 그의 선수들은 그렇지 않다는 것을 증명하기 위해 노력했다.

지난번 원정 경기에서는 0-4로 패했지만 맨체스터 유나이티드는 리버풀보다 승점 10점 앞선 상황에서 이번 경기에 임했다. 전반전에는 박빙의 승부가 펼쳐졌다. 그러나 최종 결과는 이를 조롱하는 것이었다.

전반전이 끝나기 직전에야 코디 학포가 선제골을 터뜨렸다. 하지만 후반전에 다르윈 누녜스와 학포의 연속골로 승점 3점을 사실상 확정했다. 경기 후 클럽은 말했다. "후반전은 이보다 더 좋을 수 없었습니다. 그때부터 선수들이 날아다니기 시작했죠."

이후 '맨유 킬러'인 모하메드 살라가 두 골을 넣으면서 클럽의 역대 프리미어리그 득점왕

에 올랐다. 살라의 두 골 사이에 누녜스의 또 다른 골이 터지면서 리버풀은 더욱 기세를 올렸다.

클럽의 선수들이 오랜 라이벌에게 가하는 고통에 홈 관중들이 환호하는 가운데, 기자들은 이 광경을 묘사할 수 있는 새로운 최상급 단어를 찾느라 정신없이 바빴다. 그러나 사기가 떨어진 원정팀에게 더 많은 수모를 안겨줄 시간이 아직 남아 있었다.

6골에 만족하지 않고 리버풀은 원정팀의 상처에 소금을 뿌리기 시작했다. 마지막 몇 분 동안, 교체 투입된 호베르투 피르미누가 전례 없는 7-0 승을 완성하며 케이크에 가장 달콤한 장식을 올렸다.

이 경기는 1895년 리버풀의 7-1 승을 뛰어넘는 기록적인 승리였을 뿐만 아니라, 맨체스터 유나이티드 역사상 최악의 패배이기도 했다. 경기 후 클럽은 리버풀이 얼마나 좋은 경기를 했는지에 대해 경외감을 감추지 못했다. "멋진 축구 경기였습니다. 우리는 그 팀을 상대로 최고의 축구를 펼쳤습니다. 아주 오랜만에 최고의 경기 중 하나였어요."

위르겐 클롭만큼 맨체스터 유나이티드를 상대로 큰 성공을 거둔 리버풀 감독은 없었고, 안필드에서 이보다 더 즐거운 오후를 보낸 감독도 거의 없었다. 리버풀 팬들의 기억에 영원히 남을 경기였다.

위
벤치에서 나와서 잊을 수 없는 7-0 승을 마무리한 호베르투 피르미누.

다음
2골의 영웅 코디 학포는 불과 두 달 전에 PSV 에인트호번에서 영입한 선수였다.

"훌륭한 감독님 밑에서 선수로 뛸 수 있어 매우 기뻤습니다. 감독님은 제가 더 나은 선수가 되고 발전할 수 있도록 도와주셨어요. 맨체스터 유나이티드와의 경기는 분명 하이라이트였습니다. 그 경기에 출전할 수 있다는 것은 정말 대단한 일이었죠. 감독님은 이 경기가 얼마나 중요한 경기인지 미리 설명하고 저를 믿어주셨기 때문에 역사적인 그날 오후, 두 골을 넣으며 보답한 것은 결코 잊을 수 없는 일입니다. 후반전에 교체될 때 감독님이 제 플레이에 만족한다고 말씀해주셨던 것이 기억에 남는데, 정말 큰 의미가 있었습니다. 감독님은 끊임없이 앞서 생각하고 힘든 시기에도 우리가 성공할 수 있다는 믿음을 주셨어요. 이 아름다운 클럽에서 뛸 기회를 주신 감독님에게 항상 감사할 겁니다."

- 코디 학포 | 리버풀 FC 공격수(2023-현재) |

영웅과 빌런

리버풀 VS 애스턴 빌라 | 프리미어리그, 2023년 5월 20일 |

리버풀은 맨체스터 유나이티드에게 7골을 넣고 일주일 후 본머스 원정에서 0-1로 패했다. 이 경기는 리버풀의 불규칙한 시즌을 한마디로 요약한 것이었다. 2020-21 시즌과 마찬가지로 위르겐 클롭과 그의 팀은 리그 4위 안에 드는 것만으로 시즌을 마무리해야 하는 상황이었다.

팬들은 당연히 긴장했지만, 4월 초부터 5월 초까지, 갑자기 불이 켜진 것처럼 보였다. 리버풀은 인상적인 7연승 행진을 이어갔다. 그중에는 리즈 원정 6-1, 토트넘 원정 4-3 등 7골이 터진 두 번의 다득점 승리가 있었으며, 특히 토트넘전은 후반 추가시간에 터진 디오구 조타의 결승골이 인상적이었다.

3위 뉴캐슬 유나이티드와 4위 맨체스터 유나이티드를 맹렬히 추격했지만, 시즌 마지막 경기를 앞두고 리버풀이 4위권에 들기 위해서는 둘 중 한 팀이 흔들리는 것밖에 없었다.

2022-23 시즌 마지막 홈 경기에서 공을 소유하고 있는 커티스 존스

물론 리버풀도 연승 행진을 이어가며 자리를 지켜야 했는데, 결정적인 순간은 리그 시즌의 마지막에서 두 번째 주말에 열린 애스턴 빌라와의 경기였다.

마침 여름에 몇몇 핵심 선수가 팀을 떠난다는 소식이 전해졌기 때문에 감정적이고 긴장감 넘치는 자리가 될 수밖에 없었다. 한편 감독은 미래를 내다보며 대대적인 팀 리빌딩을 계획하고 있었다.

애스턴 빌라는 제이콥 램지의 선제골로 경기 초반부터 기선을 제압했다. 분위기를 끌어올리기 위해 팬들이 좋아하는 호베르투 피르미누의 활약이 필요한 때였다. 작별을 고한 4명의 선수 중 한 명인 브라질 출신의 피르미누는 전반전 중반에 교체 투입되었고, 후반전 막판에 동점골을 터뜨리며 안필드에서의 마지막 경기를 장식했다. 감동적인 순간이자 희미한 희망이 보이는 순간이었다. 하지만 현실은 승점 1점으로는 절대 충분하지 않았다.

리버풀의 톱4 기회는 아주 가느다란 실타래에 매달려 있었다. 며칠 후 다른 경기 결과로 마침내 리버풀의 운명이 결정되었다. 클럽의 부임 시즌 이후 프리미어리그 톱4 밖에서 시즌을 마친 것은 이번이 처음이었으며, 클럽은 기회가 너무 늦게 왔다는 사실을 가장 먼저 인정했다. "우리가 꽤 흥미진진한 시즌을 보냈다고 생각합니다. 7주 전만 해도 이런 일이 가능할 거라고는 생각하지 못했죠. 그동안 선수들이 정말 잘해줬지만, 우리는 너무 오랫동안 만족스럽지 못했고 스스로 부족했습니다."

제임스 밀너, 나비 케이타, 알렉스 옥슬레이드-체임벌린이 피르미누와 함께 떠나면서 한 시대의 끝을 보는 것 같았다. 하지만 리버풀이 전환기에 접어들면서 위르겐 클롭은 도전적으로 다짐했다. "우리는 다시 우승 경쟁자가 될 겁니다."

왼쪽 위
호베르투 피르미누의 골로 리버풀은 마지막 홈 경기에서 승점을 획득했다.

오른쪽 위
클롭 감독 체제에서 피르미누보다 많은 경기에 출전한 선수는 없다.

다음
리버풀 레전드인 스티븐 제라드는 위르겐의 리버풀에서 뛰고 싶었다고 고백한 바 있다.

"리버풀 감독으로서 그가 한 첫 인터뷰는 거울을 보고 섀도복싱을 하는 것만 같았습니다. 그야말로 '게임 시작' 선언이었죠. 당시 클럽의 연습경기에서 위르겐이 팀을 이끌었을 때 저는 '1년 동안 이 사람을 대변할 수 있다면 얼마든지 돈을 내고 무엇이든 할 수 있겠다'고 생각했습니다. 그가 부임하기 전에는 많은 고통과 상처, 의심이 있었지만, 그는 선수들을 발전시켰고, 보기만 해도 멋진 승리의 팀을 만들었습니다. 이런 일은 사실 엄청난 부담감을 동반합니다. 섕클리, 페이즐리, 페이건, 베니테스 등 리버풀에 큰 업적을 남긴 감독들이 있지만, 위르겐은 그가 이룬 업적에 비추어 볼 때 최고의 감독들과 어깨를 나란히 하고 있습니다. 그 공로를 인정받을 자격이 충분합니다. 위르겐 클롭의 동상이 세워지면 좋겠습니다."

─스티븐 제라드 | 전 리버풀 FC 미드필더(1998-2015),
아카데미 코치(2017-2018) |

타인강 더비의 기쁨

뉴캐슬 VS 리버풀 | 프리미어리그, 2023년 8월 27일 |

2023년 여름, 위르겐 클롭은 팀, 특히 미드필더진의 재건에 착수했다. 그는 이 프로젝트를 '리버풀 2.0'이라 명명하고, 영광스러운 새 장의 시작을 알리는 신호탄이 되기를 바랐다.

　우승 트로피 없이, 그리고 챔피언스리그 진출에 실패하며 시즌을 마친 리버풀은 이미 선수단 개편이 예상되었다. 그러나 2019년부터 2022년까지 성공에 핵심적인 역할을 했던 많은 선수가 떠나면서 더 큰 변화를 겪게 되었다. 호베르투 피르미누, 제임스 밀너, 나비 케이타, 알렉스 옥슬레이드-체임벌린이 떠난다는 사실은 이미 알려졌지만 파비뉴, 주장 조던 헨더슨과의 이별은 예상치 못한 것이었다.

　클롭은 헝가리 국가대표팀 주장 도미니크 소보슬러이, 2022년 월드컵 우승 경험이 있는 알렉시스 마크 알리스테르, 바이에른 뮌헨의 라이언 흐라번베르흐, 잘 알려지지 않은 엔도

프리미어리그 데뷔전에서 인상적인 활약을 펼친 젊은 수비수 자렐 콴사.

"감독님이 저와 제 커리어에 얼마나 큰 도움을 주셨는지 절대 잊지 않을 겁니다. 감독님은 제게 정말 많은 기회를 주셨어요. 우선 저는 항상 뛰고 싶었던 축구 클럽의 1군 선수가 되었습니다. 더 중요한 것은 감독님이 제게 신뢰를 보여주셨다는 겁니다. 제가 데뷔한 뉴캐슬과의 경기를 정말 잊을 수 없습니다. 프리미어리그에서 한 번도 뛴 적이 없는 어린 센터백을 투입하는 게 누군가에겐 눈살을 찌푸릴 수 있는 일이었지만, 감독님은 주저하지 않으셨습니다. 믿을 수 없었죠. 그때 감독님은 많은 말을 하진 않으셨지만, 저를 믿어준다는 것만으로도 충분했습니다. 더 오래 함께 뛰지 못해 아쉽지만, 짧은 시간 동안 감독님 밑에서 정말 많은 걸 배울 수 있었습니다."

−자렐 퀸사 | 리버풀 FC 수비수(2023-현재) |

왼쪽 위
버질 판데이크의 퇴
장에 반응하는 클롭.

오른쪽 위
후반전에 투입되어
두 골로 승부를 뒤집
은 다르윈 누녜스

옆
코너로 달려가 원정
온 리버풀 팬들 앞에
서 포효하는 누녜스..

와타루를 영입하여 미드필더 공백을 매우고자 했다. 그는 기존의 핵심 선수들에 흥미진진
한 젊은 선수들까지 더해져 다시 한번 도전할 수 있는 충분한 준비가 되었다고 믿었다.

"우리가 해야 할 일이었고, 이번 여름이 바로 그때였습니다. 리빌딩, 새로운 방식, 새로운
에너지에 대해 정말 기대가 컸습니다. 작년에 우리는 많은 것을 바꿔야 한다고 결정했습니
다. 하지만 변화를 해야만 해서가 아니라 좋은 방향으로 바꾸고 싶었습니다. 이전 7년간의
모든 것이 좋았지만 분명 우리 모두에게 에너지원이 필요했고, 새로운 도전을 즐기는 선수
들의 얼굴을 매일 보면서 나 역시 에너지를 얻었습니다."

활력을 되찾은 리버풀은 2023-24 시즌 개막 8경기 중 한 경기를 제외하고 모두 승리하며
강렬한 인상을 남겼고, 8월 말 뉴캐슬전에서의 짜릿한 승리로 자신들의 기세를 증명했다.
리버풀은 세 명의 뉴페이스가 합류한 가운데 전반 25분 만에 선제골을 허용하고 새 주장
버질 판데이크가 레드카드로 퇴장당했지만, 곧 악재를 딛고 반격에 나섰다.

77분, 희망이 빠르게 사라지고 좌절감이 커지자, 클럽은 두 번의 교체 카드를 사용했다.
젊은 수비수 자렐 퀸사가 다르윈 누녜스와 함께 리그 데뷔전을 치렀다. 누녜스는 4분 만에
동점을 만들었고, 후반 추가시간에 다시 골을 터뜨리며 놀라운 역전극(2-1)을 완성했다.

경기 후 감독은 흥분을 감추지 못했다. "우리 팀에 새로운 주축 선수들이 들어왔으니 중요
한 순간을 만들어야 하는데, 이번 경기는 확실히 중요한 순간이었습니다. 코치나 감독으로
서 천 번의 경기를 치르는 동안 이런 분위기에서 이런 팀을 상대로 10명의 선수가 이런 경기
를 한 적은 없었던 것 같습니다. 정말 특별했고 선수들은 그런 말을 들을 자격이 있습니다."

지난 시즌 리버풀을 톱4 밖으로 밀어낸 팀으로부터 승점 3점을 빼앗은 것은 위르겐 클롭
의 리버풀에게 매우 중요한 일이었고, 미래에 대한 긍정적인 신호였다.

폭탄 선언

위르겐 클롭의 퇴진 발표 | 2024년 1월 26일 |

영원히 지속되는 것은 없으며 모든 좋은 일은 결국 끝이 나는 법이지만 아무도 이에 대비하지 못했다. 잊을 수 없는 8년 반의 위르겐 클롭 시절을 보낸 후, 모든 것을 바꿀 예상치 못한 계시가 왔다.

머지사이드의 평범한 금요일 아침, 햇살은 따사롭고 긍정적인 기운이 가득했다. 클럽은 이틀 전 리그컵 준결승에서 합계 스코어 3-2로 풀럼에 승리를 거둔 후 또다시 웸블리 원정을 계획하고 있었다. 그리고 주말 노리치시티와의 FA컵 4라운드 홈 경기를 위한 준비도 한창이었다. 게다가 리버풀은 프리미어리그 선두와 승점 5점 차로 3위를 유지하며 유럽 대회 진출을 노리고 있었다.

먹구름이 몰려오고 있다는 징후는 보이지 않았다. 커크비에 있는 클럽의 1군 훈련장에서 선수들은 정상적으로 훈련에 임했다. 그러나 그들은 곧 감독으로부터 충격적인 소식을 전해 들은 팀 회의에 소집되었다.

오전 10시 30분이 조금 지난 시각, 클럽의 공식 웹사이트와 소셜미디어 채널을 통해 몇 시간 전에 사전 녹화된 영상 메시지와 함께 신중한 검토 끝에 준비된 성명이 공개되었다. "위르겐 클롭, 올 시즌을 끝으로 리버풀 감독직에서 물러나기로 결정".

이 짧은 한 문장은 순식간에 전 세계로 퍼져나갔다. 처음에 지지자들은 웹사이트가 해킹당했거나 만우절이 일찍 찾아왔다고, 일종의 장난이라고 여기고, 믿고, 기도했다.

단지 사람들이 깜짝 놀랐다고 말하는 것은 과소평가일 것이다. 발표의 중요도가 너무 엄청나서 이해조차 어려웠기 때문이다. 거리와 사무실, 공장, 학교 등 리버풀의 모든 것이 일시적으로 멈췄고 모두가 같은 질문을 던졌다.

클롭은 사퇴를 결심하게 된 이유를 이렇게 설명했다. "이 순간, 이 소식을 처음 들은 많은 분들에게 충격적이겠지만, 이에 대해 분명하게 설명할 수 있습니다. 저는 이 클럽의 모든 것을 사랑하고, 이 도시의 모든 것을 사랑하고, 서포터스의 모든 것을 사랑하고, 팀과 스태프도 사랑합니다. 그야말로 모든 것을 사랑합니다. 그럼에도 저는 이런 결정을 내렸습니다. 제가 마지막으로 해야 할 일이라고 확신하기 때문입니다."

"그 소식을 처음 들었을 때는 물론 직업적으로도, 개인적으로도 아쉬웠습니다. 하지만 시즌이 끝나고 위르겐과 그의 사임 결정에 관한 대화를 나누면서 그와 그의 가족, 더 나아가 클럽을 위해 올바른 결정을 내렸다는 걸 알게 되었습니다. 그의 눈에서 그걸 볼 수 있었죠. 그 결정으로 그는 아주 편안해 보였습니다. 의문의 여지도, '혹시나' 하는 주저함도 없었습니다. 그래서 우리는 최선을 다해 이 사실을 전달할 방법을 논의하기 시작했습니다. 위르겐은 진정성 있고 직접적이며 공감할 수 있는 대화 능력으로 많은 사랑을 받았습니다. 그의 리더십은 경기장 안팎에서 우리에게 성공을 가져다주었고, 모두에게 놀라운 추억과 믿기지 않는 감정적 만족감을 남겼습니다. 나는 친구이자 동료로서 그를 진심으로 그리워할 것이며, 그와 그의 가족에게 최고의 것만을 기원한다는 말을, 모두를 대신해서 전합니다. 감사합니다, 위르겐. 당신은 결코 혼자 걷지 않을 겁니다(YNWA)."

―빌리 호건 | 리버풀 FC 최고경영자 |

"에너지가 바닥나고 있습니다. 이 일을 몇 번이고 반복해서 할 수 없다는 걸 압니다. 우리가 함께 보낸 세월과 우리가 함께 겪은 모든 일을 생각하면, 여러분을 향한 존경심과 사랑이 더욱 커집니다. 제가 여러분께 빚진 게 아주 많습니다."

클롭은 급하게 내린 결정이 아니라고, 3개월 전 구단에 자신의 뜻을 알렸다고 밝혔다. "11월에 구단에 이야기했습니다. 한 시즌이 시작되면 이미 다음 시즌을 계획하게 됩니다. 함께 앉아서 계약 가능성, 다음 여름 캠프, 어디로 갈 수 있는지 등에 대해 이야기하던 중 '내가 더 이상 여기 있을 수 있을지 모르겠다'는 생각이 들었고 저 스스로도 놀랐습니다. 그런 생각이 분명히 들기 시작하더군요."

외부에서 보기에는 타이밍이 여전히 이해되지 않았다. 클롭은 자신의 두 번째 위대한 안필드 팀을 구축하는 과정에 있었다. 최근 영입한 선수들이 잘 적응하고 있었고, 기대되는 젊은 선수들도 많이 기다리고 있었다. 놀랍게도 그가 이름 붙인 '리버풀 2.0'은 예상보다 빠르게 자리를 잡아가고 있었다. 팀이 다시 한번 쿼드러플 전선에서 강력한 경쟁을 펼치면서 프로젝트가 순조롭게 진행되고 있는 것처럼 보였다.

"지난 시즌(2022-23)은 정말 힘든 시즌이었습니다. 다른 클럽이었다면 '그동안 정말 고마웠지만 여기서 이만 헤어지거나 끝내자'라고 결정했을 순간이 있었을 겁니다. 물론 그런 일은 일어나지 않았죠. 저는 이 팀을 다시 정상 궤도에 올려놓는 데 도움을 줄 수 있다는 것만이 정말, 진심으로, 중요했습니다."

"제가 생각한 건 오직 그것뿐이었습니다. 엄청난 잠재력과 다양한 연령대, 캐릭터 등을 갖춘 정말 좋은 팀이라는 사실을 깨달았을 때, 저 자신에 대해 다시 생각하기 시작했고, 그 결과 이렇게 되었습니다. 제가 하고 싶은 일이 아니라 제가 100퍼센트 옳다고 생각하는 일입니다. 그게 전부입니다."

클롭은 또한 이 소식이 특별한 시즌을 앞둔 선수들에게 악영향을 미칠 수 있다는 우려를 재빨리 불식시켰다. "선수들의 분위기는 정말 좋습니다. 제가 그들에게 소식을 전했을 때, 그건 그냥 해야 할 말을 발표한 것뿐입니다. 눈물이 좀 났지만 오랜 시간 함께해왔으니 당연한 일이죠."

"사실 시즌이 끝날 때까지 아무에게도 말하지 않으려고 생각하기도 했습니다. 우리가 살고 있는 세상에서는 이런 일을 비밀로 유지하는 것이 불가능하니까요. 때문에 지금까지 비밀로 유지할 수 있었다는 것이 어쩌면 놀라운 일이기도 합니다. 제가 확신하는 한 가지는 그런 결정을 내려야 한다면 너무 늦게 하는 것보다는 조금 일찍 하는 것이 낫다는 겁니다. 너무 늦으면 최악의 상황이 벌어질 수 있거든요."

"클럽은 모든 상황을 일찍 파악하고 계획을 세워야 합니다. 지난 몇 년 동안 우리가 구축한 모든 것은 미래를 위한 훌륭한 플랫폼이자 기반입니다. 단지 방해물이 있다면 시간이 부족해 올바른 결정을 내릴 수 없다는 것뿐입니다. 이 팀은 미래를 위한 준비를 마쳤습니다. 제가 말했던 리버풀 2.0은 향후 10년을 내다보는 프로젝트이며 그 프로젝트에 저는 포함되어 있지 않겠지만, 기반은 이미 마련해놓았습니다."

특정 세대의 리버풀 팬들에게 클롭의 리버풀 시절이 곧 끝날 것이라는 충격적인 소식은 1974년 빌 생클리와 1991년 케니 댈글리시의 퇴임 발표를 떠올리게 했다. 이는 리버풀의 세 번째 중요한 순간이었다. 팬들은 처음엔 순진하게 부정했고, 그다음엔 감정이 폭포수처럼 쏟아졌다.

헌사가 쏟아지기 시작하자 클럽은 리버풀에서의 생활을 가능한 한 정상적으로 운영하기로 결심했고, 이른 오후에는 주말 경기를 앞두고 선수들을 지도하는 모습이 훈련장에서 다시 포착되었다. 그런 다음 그는 리버풀 FC의 CEO인 빌리 호건과 함께 기자회견장에서 언론과 마주해야 했다. 미소를 띠면서도 약간 침착한 표정을 지은 클롭은 만감이 교차하는 하루였다고 인정하면서도 모든 질문에 정중하고 인내심 있게 답변했다.

"저는 여전히 옳은 결정이라고 생각합니다. 저는 이런 일을 가볍게 생각하지 않습니다. 이 클럽에서 모든 책임을 지고 있다면 최고의 기량을 발휘해야 합니다. 우리는 더 이상 어린 토끼가 아니며 예전만큼 높이 뛰지 못합니다. 이 클럽, 특히 우리 팀에는 최고의 경기를 펼치는 감독이 필요하고, 제가 그렇게 할 수 없다면 사람들에게 말해야 합니다. 처음에는 클럽과 코치진에게 말했고 지금은 모두가 알고 있죠. 제가 해야 했던 두 가지 중요한 일은 서포터스와 선수들에게 말하는 것이었습니다. 스스로 결정을 내렸을 때 안도감이 들더군요. 오늘은 만감이 교차하네요. 하지만 마침내 끝이 날 때만큼 감정이 격해진 건 아닙니다."

클럽 역사상 예상치 못한 기념비적인 날이었다. 이 소식이 주말 매치데이 프로그램에 반영되기에는 너무 늦게 전해졌지만, 다음 경기를 앞두고 감독은 아직 마무리할 일이 남았다는 점을 다시 한번 강조했다.

"저는 여전히 마지막 경기의 마지막 순간까지 최선을 다할 겁니다. 선수들의 행동과 말투, 그리고 가장 중요한 훈련과 경기 방식은 제가 말씀드린 대로 똑같은 마음가짐으로 이

뤄질 겁니다. 변하는 건 아무것도 없습니다. 우리의 야망, 기준, 신념도 다르지 않습니다. 우리는 우리가 원하는 것이 무엇인지 알고 있고 그것을 달성하기 위해 얼마나 열심히 노력해야 하는지 알고 있습니다. 저와 우리 모두 이번 시즌에 그보다 더 좋은 것은 없을 겁니다."

　　잉글랜드 축구 무대와 리버풀에서의 삶이 다시는 예전 같지 않을 것이 분명하지만, 아직 4개월 동안 위르겐 클롭과 함께할 시간이 남아 있었다. 그는 자신의 퇴진에 관한 이야기가 더 이상 방해가 되는 것을 원치 않았다.

클 럽 의 아 이 들 2

리버풀 VS 첼시 | 리그컵 결승, 2024년 2월 25일 |

"아이들을 데리고는 그 어떤 경기도 이길 수 없다." 리버풀 레전드이자 수많은 트로피 수상 자인 앨런 핸슨의 유명한 명언이다. 30년 후 위르겐 클롭은 핸슨의 이론을 궁극적인 시험대 에 올려놓으려고 했다.

클럽이 시즌 종료 후 팀을 떠난다는 발표로 리버풀 팬들에게 충격을 안긴 지 한 달이 지 났지만, 6경기에서 단 1패만을 기록하며 이른바 '고별 투어'는 긍정적으로 시작되었다. 더 많 은 트로피를 획득해 유종의 미를 거두는 것이 목표였고, 리그컵 결승전은 이를 위한 네 번 의 기회 중 첫 번째 기회였다.

리버풀의 결승 진출은 레스터시티, 본머스, 웨스트햄 유나이티드, 풀럼을 모두 물리치며 비교적 순조롭게 진행되었다. 클롭의 리버풀이 세 번째 결승에서 웸블리에서 맞붙게 될 상 대는 첼시였다.

이전 라운드에서 고무적인 점은 감독이 선수단을 최대한 활용했다는 점이었다. 5경기 동 안 총 24명의 선수가 소집되었고, 클럽은 많은 젊은 선수들에게 1군 무대 진출의 소중한 기 회를 제공했다. 결승전을 위해 그는 유스팀 선수들을 더욱 깊이 검토해야 했다.

모하메드 살라를 비롯해 최소 6명의 주전 1군 선수가 부상을 당하면서 클럽의 팀은 결 승전을 앞두고 심각한 전력 누수에 직면했고, 북아일랜드 출신의 젊은 풀백 코너 브래들리 가 선발로 나섰다. 브래들리는 지난 두 달 동안 측면에 자주 출전하며 부상 중인 트렌트 알 렉산더-아널드를 대신할 수 있는 선수임을 입증했지만, 이 정도 규모의 경기에서는 출전한 적이 없었다. 벤치에는 그의 동료 아카데미 졸업생 몇 명이 자리를 채웠고, 이들 중 두 명은 아직 데뷔도 하지 못해 경험이 너무 적었다.

클럽은 결승전을 앞두고 이렇게 말했다. "리버풀 팬들이 결코 잊지 못할 역사를 쓸 수 있 는 다양한 기회가 있습니다. 많은 젊은 선수들이 많은 시간을 뛰었고, 이는 그들에게 정말 로 중요한 일입니다. 어떤 경쟁이든 어린 선수들에게는 큰 도약입니다."

리버풀의 부상 문제는 25분 후 라이언 흐라번베르흐가 모이세스 카이세도의 태클로 들 것에 실려 나가면서 더욱 악화되었다. 이후 첼시의 라힘 스털링이 골망을 흔들었지만 오프

왼쪽 위
웸블리에서 클롭 키
드들이 첼시를 이기
는 모습을 자랑스럽
게 바라보는 클롭.

오른쪽 위
리버풀 아카데미 출
신 동료들과 함께한
젊은 풀백, 코너 브래
들리.

사이드로 판정되었고, 리버풀은 후반에 버질 판데이크가 프리킥을 골로 연결하는 빌드업 상황에서 엔도 와타루의 위치가 오프사이드로 판정되어 같은 운명을 겪었다.

이 경기는 두 골키퍼가 인상적인 선방을 펼치고 결정적인 슈팅이 양쪽 골대를 맞고 나오는 등, 2022년 두 팀의 리그컵 결승전[리버풀의 승부차기 승]과 비슷한 패턴으로 흘러갔다.

오후가 지나 선수들이 지치기 시작하자 클롭은 벤치로 돌아가 어린 선수들을 경기에 투입할 수밖에 없었다. "그 선수들은 우리와 함께 오랫동안 훈련해왔습니다. 그들은 우리가 해야 할 일을 정확히 알고 있고, 우리는 젊은 선수들이 필요합니다. 물론 어린 선수들이지만 다행히 제 몫을 해냈죠." 후반전 중반에 바비 클라크가 먼저 교체 투입되었고, 후반전 종료 직전에는 제임스 매코널과 제이든 댄스, 그리고 연장전에는 자렐 퀸사가 투입되었다.

경기에 출전한 리버풀 선수 명단에는 3명의 청소년과 2명의 21세 이하 선수가 포함되었다. 컵대회 결승에 출전한 클럽 팀 중 가장 경험이 부족한 팀이었지만, 결코 밀리지 않았다. 열정적인 팬들이 응원에 박차를 가하자 젊은 리버풀 선수들은 물러서서 승부차기를 기다리는 안전한 플레이를 거부하며 기회를 잡았다. 상황을 고려할 때 그 자체만으로도 대단한 성과였지만, 이들의 노력과 감독에 대한 믿음은 극적인 막판 반전으로 보상을 받게 되었다.

경기 종료 2분여를 남기고 리버풀은 코너킥을 얻어냈다. 코스타스 치미카스가 오른쪽에서 킥했고, 판데이크가 앞서와 마찬가지로 공중볼 경합을 이겨내고 헤더 슛을 왼쪽 구석에 꽂아 넣었다. 이번에는 의심의 여지가 없었다. 골이 들어갔고 황홀한 장면이 펼쳐졌다.

리버풀은 리그컵 우승 기록을 10회로 늘렸고, 선수들은 클럽이 리버풀 소속으로 웸블리에서 마지막으로 출전한 경기의 피날레를 장식하기 위해 1983년에 우승할 때의 밥 페이즐리처럼 함께 트로피를 들어 올리자고 클롭에게 요청했다. 감독은 주장의 요청을 기꺼이 받아들였다.

"20년이 넘는 시간 동안 제가 받은 트로피 중 가장 특별한 트로피였습니다. 오늘 제가 본 것은 너무 특별해서 다시는 일어나지 않을지도 모릅니다. 축구에서 이런 일은 일어나지 않기 때문이죠. 잉글랜드 축구에서 '아이들과 함께 트로피를 들어 올릴 수는 없다'는 말이 있다고 하는데, 저는 몰랐습니다. 그게 사실인가요? 경기 후 아이들의 얼굴을 보면⋯ 아무도 잊지 못할 축구 스토리를 만들 수도 있지 않을까요? 정말 어려운 일이긴 합니다. 아카데미 선수들이 명문 팀과 대결해서 이겼다는 이야기는 들어본 적이 없으니까요."

"우리를 뒷받침해준 사람들이 자랑스럽습니다. 어린 선수들이 가장 잘하는 일을 할 수 있는 분위기를 만들어준 코칭스태프가 자랑스럽습니다. 저는 우리 클럽의 아카데미가 자랑스럽습니다. 코치들도 물론이고요. 정말 많은 것들이 자랑스럽습니다. 경기를 압도했습니다. 경기 전부터 문제가 있었고 경기 중에는 그게 더 커졌습니다. 하지만 그 모든 것을 이

리그컵을 든 자렐 퀸사, 코너 브래들리, 하비 엘리엇.

"모든 선수, 특히 어린 선수들에게 놀라운 일이었습니다. 부상 선수가 많아서 쉽지 않았지만, 감독님은 저희를 믿어주셨고 그건 정말 큰 의미였습니다. 제겐 웸블리에서 열린 컵대회 결승전에서 리버풀을 위해 뛰는 것보다 더 큰 일은 없었지만, 감독님은 경기의 중요성은 다 똑같다는 점을 우리에게 알려주려고 노력하셨습니다. 감독님의 접근 방식은 항상 같았습니다. '자신감을 가지고 즐기며 평소처럼 경기하라'는 거였죠. 우승은 감독님이 우리에게 심어준 자신감에 대한 보상일 뿐입니다. 감독님은 제게 모든 것을 의미합니다. 이 클럽에서 제게 첫 번째 기회를 주셨고 축구 선수로서 성장하는 데 매우 중요한 역할을 해주셨어요. 감독님은 영감을 불어넣어주는 분이고, 클럽 전체를 위해 감독님이 해온 일들은 정말 놀랍기만 합니다. 저를 위해 해주신 모든 것에 정말 감사할 따름입니다."

―코너 브래들리 | 리버풀 FC 수비수(2023-현재) |

겨낸 오늘은 절대 잊지 못할 밤이 될 겁니다. 정말 좋은 기억으로 영원히 남을 겁니다."

커뮤니티 실드를 제외하면 위르겐 클롭의 안필드 커리어에서 일곱 번째로 큰 영광이었다. 그는 리버풀에서 가장 많은 우승컵을 들어 올린 감독 공동 2위로 올라섰다. 하지만 클럽 역사상 이렇게 많은 젊은 선수들로 구성된 팀으로 우승 트로피를 들어 올린 적은 없었다.

그날 밤 집으로 돌아가는 비행기에서 곧 떠날 감독은 컵을 품에 안고 잠들며, 남겨두고 떠날 아이들이 이제 막 성인이 되었다는 사실에 만족했다.

마지막 작별

리버풀 VS 울버햄프턴 | 프리미어리그, 2024년 5월 19일 |

위르겐 클롭이 리버풀 감독 사임을 발표한 이후 모두가 그날을 세었다. 놀라운 여정의 마지막 정거장인 그날, 모두가 젖은 눈이었다.

리버풀 팬들의 마음속에 영원히 특별한 자리를 차지하게 될 그의 송별식은 안필드에서 본 것 중 가장 감동적인 순간이었으며, 모든 리버풀 팬의 가슴에 영원히 남을 것이다.

물론 꿈의 시나리오는 클롭이 만원 관중 앞에서 프리미어리그 우승 트로피를 들어 올리며 인사한 뒤 3일 후 아일랜드해를 건너 (클롭이 커리어를 완성하기 위해 필요한 마지막 트로피인) 유로파리그 우승 트로피를 들어 올리는 것이었으리라. 안타깝게도 그렇게 되지는 않았지만, 그날 스포츠계에서 일어난 모든 일을 가린 행사와 장관을 망칠 수는 없었다.

리그컵 우승 이후, 다시 한번 쿼드러플에 관한 이야기가 진지하게 나왔다. 하지만 안타깝게도 오래가지 못했다. 2024년 3월 올드 트래퍼드에서 열린 맨체스터 유나이티드와의 스릴 넘치는 8강전에서 FA컵에 관한 관심은 잔인하게도 삭제되었다. 리버풀이 쉽게 이겼어야 할 경기였고 패배(3-4)는 엄청난 상처를 안겨주었다.

심리적 상처를 치유하는 데 시간이 걸렸고 결국 캠페인은 실패로 돌아갔다. 그후 아탈란타가 안필드에 와서 예상치 못한 대승을 거두며 더블린 원정길에 대한 희망을 꺾었다. 0-3으로 뒤지던 경기를 뒤집는 것은 위르겐 클롭의 팀에게는 환상의 영역이 아니었지만, 이번 경기는 그렇게 되지 않았고 리버풀은 침착하게 퇴장했다.

이로써 리버풀은 프리미어리그에만 집중할 수 있게 되었다. 리버풀은 아스널, 맨체스터시티와의 치열한 3파전으로 전개되던 우승 경쟁에서 제 몫을 해냈다. 하지만 막바지를 앞두고 홈에서 크리스털 팰리스에게, 원정에서 에버턴에게 패하면서 다른 두 팀에 선두 자리를 내주었다.

선수들의 체력이 바닥난 것이 분명했고 시즌은 끝났다. 1월 클롭이 사임을 발표한 시기가 선수들에게 악영향을 미쳤는지에 대한 질문이 쏟아졌다. 하지만 현실은 리버풀이 여전히 과도기에 있는 팀이라는 것이었다. 리그컵 우승 트로피를 거머쥐고, 편안하게 챔피언스리그 출전권을 확보한 것은 칭찬할 만한 성과이자 미래에 대한 긍정적인 신호였다.

클럽의 임박한 퇴진과 리버풀의 성적 하락은 시즌 마지막 몇 달 동안 분명 어두운 그림자를 드리웠지만, 마지막 주말이 다가오면서 지난 9년간 클럽의 운명을 완전히 바꾼 감독을 경험한 것이 얼마나 행운이었는지 생각해보게 되었다. 좋은 시절을 회상하는 서포터들의 감동적인 헌사가 소셜미디어에 넘쳐나자 사람들의 얼굴에 미소가 돌아왔고, 그의 업적을 축하하고 그에 걸맞은 배웅을 하기 위한 파티가 계획되었다.

클럽의 마지막 경기인 울버햄프턴과의 안필드 경기 티켓을 얻기 위한 열기는, 비록 결과가 거의 중요하지 않고 자존심 외에는 아무것도 없는 경기였지만, 거의 전례가 없을 정도로 뜨거웠다. 리버풀은 무슨 일이 있어도 리그 3위를 차지할 터인데도 이날은 기대감으로 가득했다.

클럽은 팬들에게 많은 것을 의미했고, 팬들은 클럽에게 감사의 마음을 전하기 위해 경기장을 찾아왔다. 클럽의 공식 작별 영상과 함께 공개된 사운드트랙의 노랫말은 팬들의 마음을 아름답게 요약한 것이었다. '내게 당신은 전부입니다(You To Me Are Everything).' 클럽을 관리하고 팬들과 소통하며 리버풀의 삶을 포용하는 클럽의 방식은 섕클리 스타일을 닮았다는 찬사를 받기에 손색이 없었다. 스코틀랜드 출신의 레전드인 섕클리 이후 그 어떤 리버

풀 감독도 이토록 큰 규모의 영웅 숭배에 근접하지 못했고, 그 누구도 이 감동적인 마지막 작별을 못마땅해할 수 없었다.

마지막까지 프로의 자세를 지킨 클럽은 경기 전 프리뷰에서 이날 경기의 중요성을 강조했고, 경기 당일 프로그램 노트에서도 이 점을 다시 한번 강조했다. "무엇보다—사실 첫째도, 둘째도, 그리고 마지막도—일요일은 매치데이다. 우리는 그 점을 놓칠 수 없고 놓치지 않을 것이다. 리버풀에서 뛰는 동안 다른 일들이 벌어진 경기가 많았지만, 절대적인 규칙은 첫 번째 휘슬부터 마지막 휘슬까지 우리는 제대로 된 리버풀 축구를 하기 위해 최선을 다한다는 것이다. 그후에는 행사를 즐길 수 있지만 항상 비즈니스가 첫 번째여야 하고 항상 우선순위가 되어야 한다."

그의 말이 100퍼센트 맞지만 실제로는 경기장에서의 행동은 중요하지 않았다. 그날 오후 프리미어리그의 다른 곳에서 벌어진 일들도 마찬가지였다. 킥오프 전, 축제 분위기가 안필드 주변 거리를 뒤덮었다. 경기장 안에서는 응원석 3면이 떠나는 감독에게 경의를 표하는 '감사합니다 위르겐, 그대는 결코 혼자 걷지 않으리(Danke Jürgen YNWA)'라는 모자이크로 일렁거렸다. 그리고 '의심하는 자, 믿는 자, 정복자(Doubters, Believers, Conquerors)' 등 그를 기리는 깃발들이 자랑스럽게 휘날렸다.

경기 내내 서포터들은 클럽의 이름을 크게 불렀고, 그의 놀라운 여정에서 중요한 역할을 했던 선수들을 기억하기 위해 방대한 선수 명단을 외쳤다. 경기가 막바지에 이르자 클럽의 노래가 다시 한번 끊임없이 울려 퍼졌다. 2-0 승리는 기대 이상의 성과를 거두며 클럽 대부

"위르겐의 리버풀 시대는 그야말로 혁신적이었습니다. 그는 충성심과 헌신을 고취하는 보기 드문 리더십을 구현하여 클럽의 가장 성공적인 시대를 여는 데 중요한 역할을 했습니다. 그는 단순히 이끌기만 한 것이 아니었습니다. 사람들을 끌어당기고 더 나은 사람이 되기 위해 끊임없이 노력하게 만드는 자력을 만들어냈습니다. 위르겐은 클럽에 대한 우리의 기대를 즉시 수용했고 팀과 서포터스, 리버풀이라는 도시 사이의 유대감을 이해했습니다. 이것이 그가 감독직을 맡기로 결정한 주된 요인이었습니다. 안목 있는 안필드 팬들의 존경과 찬사를 받으려면 정말 뛰어나야 합니다. 수많은 중요한 승리가 끝날 때마다 공중으로 주먹을 날리는 그의 모습은 리버풀과 전 세계 서포터들의 사랑, 열정, 감정에 완벽하게 부합하는 것이었습니다."

−존 W. 헨리 | 리버풀 FC 구단주 |

위
안필드에서의 마지막
시간을 위해 걸어 들
어오는 클롭을 맞이
하는 리버풀 팀원들.

옆
클럽이 마지막 작별
인사를 하는 동안 수
많은 사람이 눈물을
흘렸다.

분이 부러워할 만한 우승 트로피들을 획득한 안필드 감독의 통치를 마무리하는 적절한 인사였다. 6만 1,000명의 관중 대다수는 밥 페이즐리 이후 가장 오래 재임하고 가장 성공한 리버풀 감독으로서 자신들의 꿈을 실현시켜준 그에게 충분히 경의를 표할 수 있도록 마지막 휘슬이 빨리 울리지 않기를 바랐을 것이다.

경기장을 떠나는 선수들과 코치진에게 경의를 표한 후, 클럽은 그의 팀원들이 의장대를 구성한 가운데 엄청난 박수갈채를 받으며 마지막 시간을 위해 경기장으로 돌아왔다. 그가 특별히 마련된 무대로 향하자, 그의 이름을 팬들이 다시 큰 소리로 외쳤다. 그리고 그가 고대하던 고별 연설을 하기 위해 마이크를 잡자, 장내가 순식간에 조용해졌다.

"정말 놀랐습니다. 솔직히 말해서 '나는 이미 끝났다'고 생각했는데 그렇지 않군요. 너무 행복해서 믿을 수가 없습니다. 여러분 모두, 이 분위기, 이 경기, 이 가족의 일원인 우리, 오늘을 축하하는 모든 것이 너무 행복합니다. 정말 놀랐어요. 정말 감사합니다."

모든 관중이 그의 말 한마디 한마디에 귀를 기울이는 가운데 그는 계속해서 말했다.

"사람들은 제가 리버풀을 의심하는 자들을 믿음을 가진 자들로 바꾸었다고 말합니다. 하지만 그건 사실이 아닙니다. 믿음은 적극적인 행위입니다. 스스로 해내야 해요. 저는 제가 해야 할 일을 했을 뿐입니다. 여러분이 해낸 겁니다. 그건 큰 차이예요. 이제 그 누구도 그만

믿으라고 말하지 않습니다. 이 클럽은 그 어느 때보다도 좋은 순간을 누리고 있기 때문입니다. 케니 댈글리시에게 물어보셔도 됩니다! 오랜만에 이렇게 말씀드리죠. 우리에겐 이 멋진 경기장이, 이 멋진 트레이닝 센터가 있습니다. 세계 축구의 슈퍼파워인 여러분도 있습니다. 와우. 이제 저도 여러분 중 하나입니다. 여러분을 정말 사랑합니다. 지금 제가 입은 옷에는 '고마워요 내 사랑(Thank You Luv)'과 '결코 혼자 걷지 않으리'라는 말이 적혀 있습니다. 정말 고맙습니다! 여러분은 세계 최고의 팬입니다. 감사합니다!"

또 한 번의 함성 속에 무대를 빠져나온 후, 한 번 더 공연을 펼칠 시간이었다. 신호에 맞춰 그는 관중석 4면의 팬들에게 마지막으로 자신의 트레이드마크인 어퍼컷 세리머니를 선보였다. 환호와 박수, 노래가 이어졌고, 영원히 잊을 수 없는 영광스러운 안필드 시대의 마지막 막이 내릴 때 곳곳에서 눈물이 흘렀다.

8년 7개월 11일. 491경기, 1,035골, 299승. 평생 기억에 남을 8개의 트로피와 추억.

위르겐 클롭, 콥의 왕, 그에게 경의를 표한다.

감사의 말   위르겐 클롭에게 감사 인사를 전한 전현직 선수들, 코치들, 감독들과 이 책을 구성하는 인터뷰에 도움을 주신 모든 분께 감사드립니다.

참고 목록   Klopp: As Told By His Rivals (LFCTV documentary 2024)

Liverpoolfc.com

Liverpool FC Matchday programme (2015 to 2024)

Jürgen Klopp: The Biography, Elmar Neveling (Ebury Press 2019)

Allez, Allez, Allez: The Inside Story of the Resurgence of Liverpool FC, Simon Hughes (Bantam Press 2019)

Klopp: Bring The Noise, Raphael Honigstein (Yellow Jersey Press 2019)

Robbo: Now You're Gonna Believe Us: Our Year, My Story, Andy Robertson (Reach Sport 2020)

Believe Us: How Jürgen Klopp transformed Liverpool into title winners, Melissa Reddy (Harper North 2020)

Intensity: Inside Liverpool FC, Pep Lijnders (Reach Sport 2022)

Red Men Reborn! A Social History of Liverpool Football Club from John Houlding to Jürgen Klopp, John Williams (Pitch Publishing 2022)

Jordan Henderson: The Autobiography (Michael Joseph 2022)

I Feel Fine: The Klopp 100 – A Modern Liverpool Love Affair, Chris McLoughlin & Roy Gilfoyle (Reach Sport 2022)

Sí Señor: My Liverpool Years, Roberto Firmino (Quercus 2023)

KLOPP: The Liverpool FC Celebration

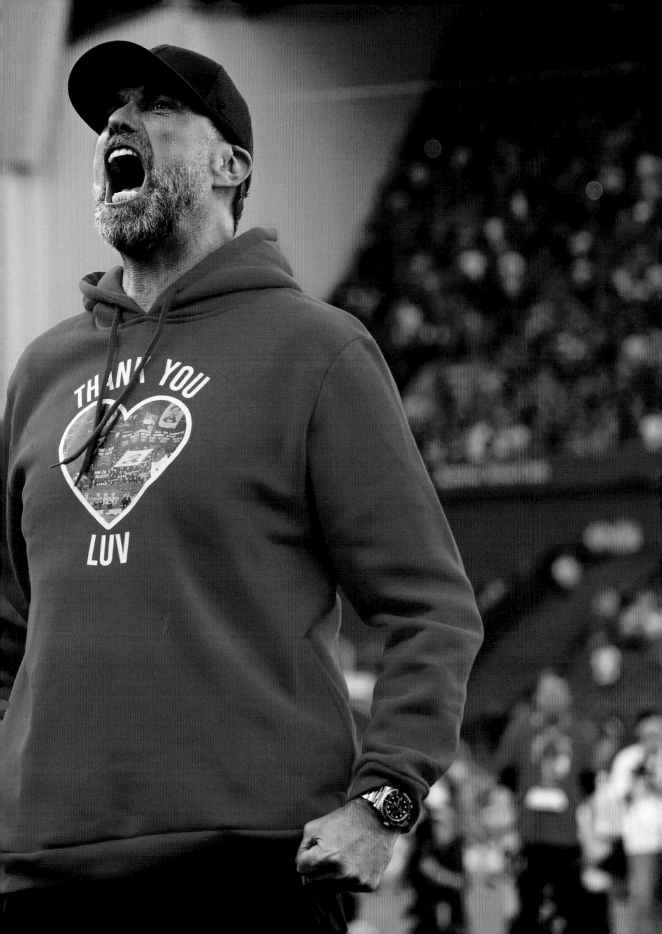

김나연 옮긴이

서강대학교에서 영어영문학과 석사학위를 받았다. 현재 출판번역 에이전시 베네트랜스에서 전속 번역가로 활동 중이다. 옮긴 책으로는 『브레인 리부트』 『석유의 종말은 없다』 『니콜라스 다바스 박스이론』 『프랑켄슈타인』 『캑터스』 『제인 오스틴 소사이어티』 『하피스, 잔혹한 소녀들』 『혼자만의 시간을 탐닉하다』 『사람은 어떻게 생각하고 배우고 기억하는가』 『부의 해부학』 등이 있다.

위르겐 클롭

리버풀 FC 공식 기념판

1판 1쇄 인쇄 2024년 10월 12일
1판 1쇄 발행 2024년 10월 28일

지은이 리버풀 FC
옮긴이 김나연

펴낸이 임지현
펴낸곳 (주)문학사상
주소 경기도 파주시 회동길 363-8, 201호 (10881)
등록 1973년 3월 21일 제1137호

전화 031)946-8503
팩스 031)955-9912
홈페이지 www.munsa.co.kr
이메일 munsa@munsa.co.kr

ISBN 978-89-7012-115-4 (03690)

■ 잘못 만들어진 책은 구입처에서 교환해 드립니다.
■ 가격은 뒤표지에 표시되어 있습니다.